LLENGUA CATALANA 4

Lluís Homs • Josep Rosell

DOCUMENTS WEB

BARCANOVA EDITORIAL

4t ESO

ÍNDEX

Per tal de facilitar el treball a l'aula, aquesta és la versió impresa dels **Documents web**, que també trobareu al vostre espai personal del web *www.barcanova.cat*

LLENGUA I SOCIETAT

Les varietats i els registres de la llengua

Guió

1. La llengua: un sistema flexible i dinàmic

Una **llengua** no és un sistema gramatical rígid i estàtic, sinó **flexible** i **dinàmic**. És flexible perquè ofereix alternatives per adequar el missatge a cada situació comunicativa. És dinàmic perquè es troba en estat de canvi permanent, per tal com és un organisme viu que està en interacció constant amb l'entorn. És per això que les llengües són **internament** molt **variades**.

2. Les varietats de la llengua

Una llengua es regeix per un sistema de regles i un vocabulari, amb variants segons l'**espai geogràfic** (els anomenats dialectes geogràfics), els **grups generacionals** (els anomenats dialectes temporals), els **grups socials** (els anomenats dialectes socials) o les diferents **situacions comunicatives** (les anomenades varietats funcionals o registres).

- Els **dialectes geogràfics** (o geolectes) són les diferents modalitats amb què s'expressen els parlants en el territori on es parla la llengua. Les diferències que presenten els dialectes geogràfics **no dificulten la comunicació** entre els parlants de la mateixa llengua. Comprovem-ho llegint el fragment següent de la *Paràbola del Fill Pròdig*, que s'ha adaptat perquè reflecteixi la pronúncia de cada parlar.

Dialecte valencià	Dialecte balear
Un home només tenia dos fillx. El més tjove li va dir a sun pare: –Ia és hora que siga el meu propi amo i que tinga dinés: fa falta que puga anar-me'n a vore món. Partixca els seus béns i done'm lo que'm toque.	Un homo domés tenia dos fiis. Es mé(s) tjove va dí (a) son pare: –Ja's hora que sigui's meu propi amo i que tengui dobbés; és necessari que me'n pugui (a)ná i veure món. Partiu es vostros béns i donau-me lo que me toqui.

RECORDA

Els principals **dialectes geogràfics** que formen el domini lingüístic de la llegua catalana són el **nord-occidental** (a la Franja de Ponent a l'Aragó, a la Catalunya nord-occidental i al Principat d'Andorra), el **central** (a la Catalunya central i de l'est), el **rossellonès** (a la Catalunya nord a França), el **balear** (a les Illes Balears), el **valencià** (a la major part del País Valencià) i l'**alguerès** (a la ciutat de l'Alguer, a l'illa de Sardenya).

Dialecte valencià	Dialecte balear
–Ai, fill meu -va dir el pare–, com vullgues, eres un roín i seràs castigat. I después va ubrir un ca(i)xó, va partir els seus béns i va fer dos parts.	–Ai, fii meu -va dí son pare–, com vulguis; ets un dolent i seràs castigat. I llavò va ubrí un cala(i)x, va partí e(s) tseu(s) béns i en va fé dues pars. JOAN VENY: *Els parlars catalans* (Text adaptat).

Es Mercadal (Menorca).

La suma de tots els dialectes geogràfics formen la llengua, de manera que, en realitat, no parlem la llengua en sentit abstracte, sinó que en funció d'on som o d'on vivim **parlem un dialecte** o un altre. És per això que no hi ha cap dialecte que sigui millor o pitjor que la resta.

- Els **dialectes temporals** (o cronolectes) són les diferents maneres de parlar de cada època o de cada generació. Les **varietats històriques** i **generacionals** són el resultat del pas del temps, que ha produït canvis en la llengua més o menys importants. Comprovem-ho comparant aquests dos exemples:

Català del segle XV	Català del segle XXI
–Puix som concordes, e jo accepte la batalla per Tirant, par-me que siam concordes e no discordes. –E jo so molt content –dix lo rei d'armes– que siau concordes. Anem per haver les armes e tot açò que menester haveu ans que vinga la nit.	–Com que ens hem posat d'acord, i jo accepto la batalla proposada per Tirant, em sembla que estem d'acord i no en desacord. –I jo m'alegro –va dir el rei d'armes– que estigueu d'acord. Anem a aconseguir les armes i tot allò que us calgui abans que no es faci de nit. JOANOT MARTORELL: *Tirant lo Blanch* (versió actualitzada d'Isabel Grifoll).

També podem observar les varietats temporals en la societat actual. Des d'aquest punt de vista, distingiríem la manera de parlar de les generacions joves i la de les generacions de molta edat.

- Els **dialectes socials** (o sociolectes) són les diferents maneres de parlar de determinats grups socials que formen una societat. Un dels exemples més clars de dialecte social és l'**argot** de l'ètnia gitana, una varietat social pròpia amb la qual s'identifiquen. Observem-ho en un fragment teatral que reprodueix la parla dels gitanos a principis del segle XX, en què els personatges barregen paraules provinents del caló, la llengua gitana que s'havia parlat al nostre país.

El casament d'en Terregada, de Juli Vallmitjana, amb direcció de Joan Castells, representada a la Sala Petita del TNC la temporada 2009/2010.

Varietat social: la parla dels gitanos catalans

El Cigaleta: Ai! Ni mai que la meva gent fos com la vostra!
La Xivet: Ah! Sí? I doncs, per què em **cameles**?
El Cigaleta: Perquè una flor fa bonic encara que siga enmig d'un femer.
El Saloma: Aixís te puguis **halar** una **pul**, que la nostra gent és ben honrada. Als nostres no els treuen per lladres.
El Cigaleta: Això d'honrats, jo no puc pas dir-ho.
La Xivet: I per què no pots dir-ho?
El Cigaleta: Hi ha coses que fan vergonya tornar-les a dir.
La Xivet: El dimoni se't pugui menjar el fetge!
El Cigaleta: Per tu va, ja que **garibeles** tant!
El Saloma: Mira ben bé el que dius, perquè d'un cop de **cat** et rompré el **garó**!

Juli Vallmitjana: *Els Zin-Calós*, dins el llibre *Teatre*.

Vocabulari

camelar *v. tr.* Intentar seduir algú amb engany.

halar *v. tr.* Menjar.

pul *f.* Porqueria.

garibelar *v. intr.* maleir.

cat *m.* bastó.

garó *m.* cap.

L'**argot** també fa referència a la **llengua col·loquial** d'algunes **professions** o activitats. Els metges, per exemple, utilitzen un argot quan parlen d'una *eco*, d'una *peri* o d'una *placa*, però fan servir el llenguatge tècnic quan diuen *ecografia*, *anestèsia epidural* o *radiografia*. D'altra banda, la classe social permet distingir unes varietats populars d'unes varietats diguem-ne d'elit: no parlen igual els botiguers que els empresaris de les grans corporacions, encara que tots tractin del comerç.

3. Els registres: varietats funcionals de la llengua

Així com els dialectes es vinculen a les persones i als grups socials, els **registres** es vinculen a les diferents maneres d'usar la llengua en funció de la **situació comunicativa**. És evident que no parlem igual amb els amics al carrer que quan el professor o la professora ens demana que exposem un tema a classe: són dues situacions comunicatives diferents que ens exigeixen l'ús de varietats lingüístiques també diferents.

De les **varietats** lingüístiques associades a la **situació comunicativa** en diem **registres** o varietats funcionals de la llengua. Els registres es defineixen a partir de **quatre factors**: el grau d'especialització, el canal de comunicació, la intencionalitat i el nivell de formalitat.

• El grau d'especialització

Cada **tema** pot ser tractat de manera general o de manera especialitzada. Per exemple, si tractem un mal de coll d'una manera general ho direm així: *mal de coll*; si el tractem dins el camp de l'especialitat mèdica, llavors haurem de distingir si és una *faringitis* o bé una *amigdalitis*. En aquest cas, parlem d'un **registre especialitzat** perquè adoptem un vocabulari més específic, amb termes propis de l'especialitat mèdica, i un llenguatge més precís i elaborat.

Sabies que...?

Hi ha mots procedents dels **argots** que han penetrat en la **parla col·loquial**, com ara: *calers* (diners), *guripa* (agent de policia), *la bòfia* (la policia), *dinyar-la* o *palmar-la* (morir-se), *clissar* o *guipar* (veure), *endinyar* (donar, clavar), *pispar* (robar), *clapar* (dormir); *paio* (home), *pencar* (treballar), etc.

• El canal de comunicació

Recordem que el canal fa referència al mitjà oral o escrit a través del qual ens comuniquem. En general, la **comunicació oral** és més espontània i fa servir més els registres no formals de la llengua; en canvi la **comunicació escrita** és més elaborada i, per tant, tendeix a utilitzar un nivell de formalitat mitjà o alt. Així doncs, el canal utilitzat en la comunicació condiciona la selecció d'un registre o un altre. Vegem-ne un exemple:

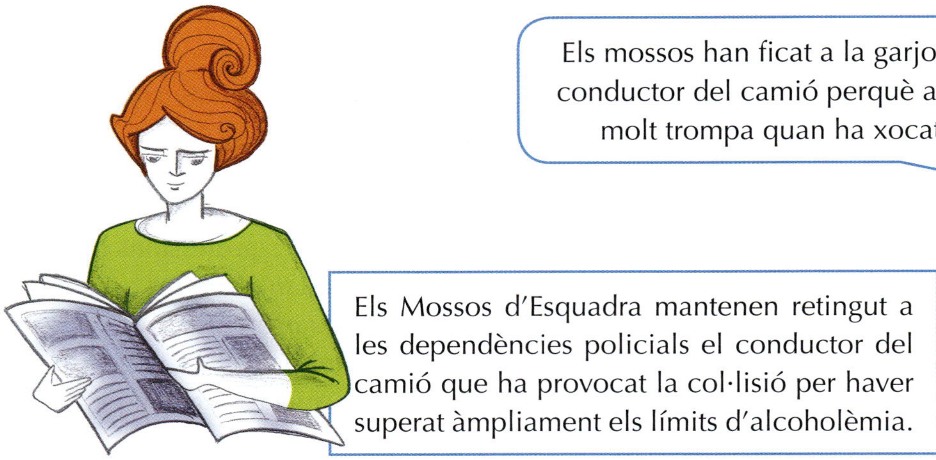

• La intencionalitat

Hi ha ocasions en què fem servir la llengua amb **intencionalitat objectiva**, és a dir, comuniquen els fets amb independència de les reflexions, dels sentiments i dels prejudicis personals; en aquest cas, utilitzem sobretot la 3a persona i les formes impersonals, i tendim a usar registres formals. En altres ocasions, en canvi, fem servir la llengua amb **intencionalitat subjectiva** i ens comuniquem basant-nos en apreciacions personals; en aquest cas, utilitzem la 1a persona, les formes personals i un llenguatge expressiu, més figurat i suggeridor. Compara la intencionalitat d'aquests exemples:

Intencionalitat objectiva

Intencionalitat subjectiva

RECORDA

Els **dialectes** són als **usuaris** de la llengua el mateix que els **registres** són als **usos** de la llengua.

dialectes	registres
usuaris	usos

• El nivell de formalitat

Aquest factor ve donat pel **to** amb què s'estableix la comunicació entre els interlocutors. Així, si la relació és molt familiar, utilitzem un **registre no formal** per adreçar-nos a qui ens escolta; diem, per exemple: «Ei», «Hola», «Au», «Apa, adeu». En aquest cas, diem que el **nivell de formalitat** és **baix**. En canvi, si la relació és distant o fins i tot solemne, utilitzem un **registre formal** per dirigir-nos als receptors, amb un nivell de formalitat **mitjà**; en aquest cas diem, per exemple: «Bon dia», «Adeu-siau», o bé, amb un nivell de formalitat **alt**: «Déu vos guard», «Bon dia tingui», «Passi-ho bé».

La combinació d'aquests factors ajuda a delimitar les principals varietats funcionals de la llengua: **vulgar**, **col·loquial**, **estàndard** i **culta** (o especialitzada), com veurem en l'apartat següent.

	Vulgar	Col·loquial	Estàndard	Culte
Tema	quotidià	quotidià	general	especialitzat
Canal	oral espontani	oral espontani	escrit/oral no espontani	escrit/oral no espontani
To	molt informal	informal	formal	molt formal

4. Els registres bàsics

Els quatre factors que acabem de veure condicionen molt el registre que usem. A continuació, definim els registres bàsics classificats en dos grups, segons que es tracti d'un registre formal o d'un registre no formal.

Registres formals	
Registre cientificotècnic	**Exemple**
És el propi de la ciència i la tècnica, matèries que tenen una clara **intencionalitat objectiva** i exigeixen un vocabulari específic i un llenguatge molt precís i elaborat.	*La grip és una malaltia infecciosa, aguda i contagiosa, produïda per un mixovirus del qual hom coneix tres tipus antigènics: A, B i C. La infecció per un d'aquests virus no comporta immunitat envers els altres dos.*
Registre juridicoadministratiu	**Exemple**
És el propi de la justícia i l'administració, àmbits que tenen una clara intencionalitat legisladora i normativa: lleis, textos legals, resolucions administratives... Utilitza fórmules convencionals i solemnes, termes específics i un llenguatge força estereotipat.	*En virtut del que ha disposat la magistrada jutgessa, us cito per tal que en el termini de vint dies hàbils contesteu la demanda en què consteu com a part demandada. Hi adjunto la còpia de la demanda, els documents i la interlocutòria d'admissió.*

Registre literari	Exemple
Aquest registre respon a una **voluntat estètica** i a una **intencionalitat subjectiva** que comporta l'ús d'un llenguatge molt elaborat per mitjà de diferents recursos retòrics: la metàfora, la metonímia, la hipèrbole, etc.	*L'amor als ocells és un sentiment que s'avé amb l'ànima de l'infant, més dolça i més tendra i més sensible a totes les petites coses; a les coses plenes d'encís i de gràcia que omplen les nostres valls i les nostres muntanyes, i volten les nostres pagesies i venen fins al cor de les nostres ciutats. I, en el ram d'aquestes coses plenes d'encís, no hi ha dubte que els ocells cantadors i voladors s'emporten la palma.* JOSEP M. DE SAGARRA: *Els ocells amics.*
Registres no formals	
Registre col·loquial	**Exemple**
És el propi de les situacions quotidianes i va molt lligat a la llengua oral. Es caracteritza per **l'espontaneïtat** (ús d'expressions senzilles i directes), la **improvisació** (no hi ha planificació prèvia) i l'**expressivitat** (ús de frases fetes, expressions exagerades, iròniques o divertides), que sovint s'intensifica amb la gestualitat i el to de veu.	*–Quines penques que tens!* *–Qui, jo? Tu sí que tens un morro que te'l trepitges!* *–Saps què? Ves-te'n a pastar fang!*
Registre vulgar	**Exemple**
És el propi d'algunes situacions quotidianes en què es transgredeix la **norma lingüística** (mots deformats o mal emprats, frases incorrectes, barbarismes...) o bé la **norma social** del bon gust (paraulotes, renecs, insults...).	*–Hòstia!, però quina* txapussa *has fotut a la paret! Ets un sapastre de collons.* *–Què coi vols que* faigi *amb aquestes eines de merda!* *–El merda ets tu, saps? Au, fot el camp!*

5. La varietat estàndard

D'un temps ençà s'ha anat configurant una altra varietat, anomenada **estàndard**, que podríem definir com a **varietat comuna**: el seu objectiu és fer més fàcil la comprensió entre grups de parlants que provenen de llocs, generacions o grups socials diferents, i alhora disposar d'un **registre neutre** a fi d'arribar a un màxim nombre de persones. Per això, és la varietat lingüística que empren l'administració, els mitjans de comunicació o l'ensenyament.

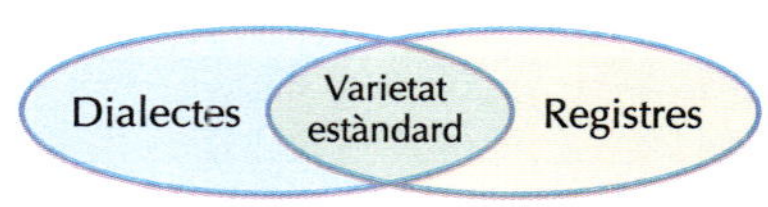

La varietat estàndard és fruit de la necessitat de **neutralitzar** o equilibrar les **diferències** dialectals i de registre. Podríem dir que aquesta varietat és un dialecte i un registre alhora.

Ara bé, no podem pensar que l'estàndard és una varietat superior a les altres; concretament, és el tipus de llengua més adequat per a aquelles situacions de **caràcter general** que requereixen un **nivell de formalitat mitjà** o **mitjà alt**. Per exemple, la situació comunicativa següent exigeix que triem la paraula sinònima més estàndard, però que també sigui la més adequada al context.

Sinònims		Titular d'un diari
*aviar, amollar, deixar anar, **alliberar**, deslliurar, desencativar*	→	*Els segrestadors han **alliberat** els ostatges*

Els mitjans de comunicació empren la varietat estàndard de la llengua.

ORGANITZA ELS TEUS CONEIXEMENTS

VARIETATS DE LA LLENGUA

- **RELACIONADES AMB ELS USUARIS**
  - • **Dialectes** (varietats associades a grups humans)
    - • Dialectes **geogràfics**
      - valencià, balear, central...
    - • Dialectes **temporals**
      - – històrics
      - – generacionals
    - • Dialectes **socials**
      - – argots de grups socials
      - – argots de grups professionals
- **RELACIONADES AMB ELS USOS**
  - • **Registres** (varietats funcionals de la llengua)
    - **FACTORS DEFINIDORS**
      - • Grau d'**especialització** del tema
      - • **Canal** de comunicació: oral o escrit
      - • **Intencionalitat:** objectiva o subjectiva
      - • Nivell de **formalitat:** baix, mitjà, alt
    - **REGISTRES BÀSICS**
      - • Registre **cientificotècnic**
      - • Registre **juridicoadministratiu**
      - • Registre **literari**
      - • Registre **col·loquial**
      - • Registre **vulgar**

ACTIVITATS

Llengua i societat

Les varietats de la llengua

1.1. Digues quins elements determinen aquestes varietats de la llengua:

a) **Dialectes geogràfics** (geolectes)
b) **Dialectes temporals** (cronolectes)
c) **Dialectes socials** (sociolectes)

1.2. Digues a quin tipus de varietat dialectal (geogràfica, temporal o social) correspon cada un dels textos següents:

1
Cand Fèlix hac pres comiat del philosoff, ell anave per una vall plena de arbres e de fontanes. A la exida de la vall, ell encontrà dos hòmens qui havien grans barbes e grans cabells, e eren pobrement vestits. Fèlix saludà aquells dos hòmens, e ells saludaren Fèlix.

RAMON LLULL: *Llibre de les bèsties.*

2
Ascolta'm bé: en cas de presenta's un temps amb mal ull i mala cara, lo primé que s'ha de fé és ancomana's a Déu i a tots los sants; i mentres se fa aguesta feina, s'arroplega lo ramat, tot ataleiant lo temps, per sapigué justamén a quin indret tire la tronada.

JOAN LLUÍS: *Records de la meva vida de pastor.*

3
UN DESCONEGUT (*a Roseta*): Al tanto, nena! Aquí darrere hi ha un paio de la secreta. Si es pensa que demanes caritat, palmes.
ROSETA: Io caritat? (*Ofesa*) On és el sera?
JORDANA: Es pot saber què li passa a aquesta mossa? Per qui m'ha pres, a veure?
EL DESCONEGUT: Aquí, la nena, l'ha pres per un altre. S'ha cregut que era de la bòfia.

JOAN OLIVER: *Pigmalió* (text adaptat).

1.3. Determina si les afirmacions següents són veritables o falses.

a) Els dialectes geogràfics fan impossible la intercomunicació entre els parlants.
b) En funció d'on som o d'on vivim parlem un dialecte o un altre.
c) Hi ha dialectes geogràfics que són millors que uns altres.
d) Els dialectes temporals són les diferents formes de parlar de cada època o de cada generació.
e) Les generacions joves parlen igual que les generacions de molta edat.
f) L'argot és la varietat pròpia de determinats grups socials o professionals.

Els registres: varietats funcionals de la llengua

1.4. Resol aquestes qüestions:

a) Com en diem de les varietats de la llengua que van associades a la situació comunicativa?
b) Enumera els quatre factors bàsics que defineixen els registres de la llengua.

1.5. Classifica les expressions següents segons que tractin el tema de manera **general** o de manera **especialitzada**.

a) –Es tracta d'un mamífer herbívor de l'ordre dels perissodàctils, de la família dels èquids.
–En lloc d'una motocicleta li volen comprar un cavall.

b) –Em noto el nas i el front molt carregats, i tinc una mica de febre.
–El que vostè té és una sinusitis, una inflamació aguda o crònica de la mucosa d'un o de diversos sins paranasals.

c) –El govern vol apujar l'impost que carrega els productes de consum i vol abaixar l'impost que afecta els sous dels treballadors.
–El govern vol augmentar l'IVA (Impost sobre el Valor Afegit) i vol reduir l'IRPF (Impost sobre la Renda de les Persones Físiques).

1.6. Llegeix els textos següents i classifica'ls segons que siguin propis del **canal oral** o del **canal escrit**. En acabat, digues quins presenten un **nivell de formalitat** més **elevat**.

1
Bon dia. Es vostè el regidor del districte? Ah, sí? Doncs miri. Em dic Joana Gironès i soc d'aquí del barri. Venia per demanar-li que la Guàrdia Urbana controlés el trànsit del carrer on hi ha l'escola Bogatell a les hores d'entrada i de sortida, perquè qualsevol dia pot haver-hi un accident.

2
A l'atenció del Sr. Regidor del districte.
Joana Gironès i Peris, veïna del barri del Poblenou, c. Llull, s/n 2n 1a.
EXPOSO: que, al carrer de l'escola Bogatell, hi ha molt de trànsit, cosa que és un perill per als alumnes de l'escola. Per això, li
DEMANO: que la policia municipal reguli el trànsit a les hores d'entrada i de sortida per tal d'evitar qualsevol accident.
Atentament, Joana Gironès.

3
Senyors,
Ens sap molt de greu haver-los de comunicar que, a causa de la crisi econòmica per la qual passa l'empresa, ens veurem obligats a endarrerir el pagament de les factures pendents. Esperem que d'aquí a dos mesos ja puguem saldar els comptes pendents.
Rebeu una salutació cordial de Pere Ribera (administrador).

4
El senyor Vicens? Hola, bon dia! Soc en Pere Ribera. Miri, li truco per donar-li una mala notícia, eh? Resulta que l'empresa no va gaire bé i no podem pagar, com teníem previst, les factures pendents.
Creiem que, d'aquí a dos mesos, si tot va bé, ja les podrem pagar, d'acord? Bé, em sap molt greu de no poder complir com cal, però no tenim cap altra sortida.
Bon dia tingui, senyor Vicens.

Els registres bàsics

1.7. Llegeix els textos següents i determina a quin **registre** correspon cadascun. Justifica la resposta almenys amb un parell de raons.

1
L'abella mel·lífera és el principal insecte pol·linitzador que existeix en la naturalesa. La seva abundància pot variar entre el 60% i el 95% de tots els pol·linitzadors i va lligada a la cabanya apícola existent a cada zona.

2
Quan el detingut sigui posat a disposició del ministeri fiscal, aquest ha d'emetre resolució sobre la posada en llibertat del menor, sobre el desistiment a què es refereix l'article següent o sobre la incoació de l'expedient.

3
Coi de nano! Ningú t'ha demanat *re*. Au, toca el dos! A *vere* si d'una punyetera vegada fas lo que te dic. Si no ho fas, te *fai* una cara nova, malparit! Mira que n'arribes a ser de toixarrut! Fuig d'aquí!

4
Ei, quina alegria de tornar-te a veure! I quina bona fila que fas! Per a tu els anys sembla que no passin, eh? Per cert, saps que a l'Agustí totes li ponen? Ha trobat una bona feina i a més els seus pares li han deixat un pis.

5
Cap arbre no guanya l'olivera en noblesa. Cap altre no la iguala en gravetat senyorial i en claror pensativa. Es fa enormement vella. Malgrat la seva aguda sensibilitat sorprèn la seva resistència als accidents. És eviterna i d'una indescriptible sobrietat.

Josep Pla: *Cadaqués*.

1.8. Copia aquesta taula i marca amb una X les característiques que corresponen a cada tipus de registre.

	Registres formals	Registres no formals
Llenguatge espontani i poc elaborat.		
Llenguatge premeditat, precís i elaborat.		
Mots d'especialitat i tecnicismes.		
Mots i expressions col·loquials i vulgarismes.		
Adreçats a receptors amb un vincle de familiaritat estret.		
Adreçats a receptors especialistes en el tema.		
Freqüents en textos escrits.		
Freqüents en textos orals.		
Textos de l'àmbit científic, tècnic, jurídic, administratiu i literari.		

La varietat estàndard

1.9. El text següent presenta un nivell de **formalitat alt**. Transforma'l d'acord amb la **varietat estàndard**. Fes servir les paraules del quadre:

conèixer	agradar	molt de gust	acomiadar-se
conversa	remei	però	tenir
quedar-se	perquè	anar-se'n	adeu-siau

Molt me plauria de seguir en tan agradable col·loqui. Tanmateix, no puc romandre aquí, atès que que no disposo de més temps. He de partir i no tinc cap altra opció que prendre comiat. Senyora, encantada d'haver fet la seva coneixença! Bon dia tingui.

1.10. Distribueix les paraules i expressions sinònimes segons la varietat funcional a què pertanyen. Fixa't en l'exemple:

a) morir-se / dinyar-la / sucumbir
b) quarto / cambra / habitació
c) colpejar-se / atonyinar-se / pegar-se
d) delectar-se / divertir-se / xalar
e) veure / guipar / percebre
f) nens / infants / marrecs
g) pispar / sostreure / robar
h) infantar / parir / donar a llum
i) emprenyar-se / enutjar-se / enfadar-se
j) anar-se'n / tocar el pirandó / partir
k) occir / pelar / matar

Registre col·loquial	Registre estàndard	Registre culte o literari
barco ...	vaixell ...	nau ...

1.11. Determina quines paraules o expressions de les oracions següents són pròpies d'un **registre col·loquial** i quines d'un **registre culte** o **literari**. Després, canvia-les per unes altres que pertanyin a un **registre estàndard**. Per exemple:
L'han fotut a la garjola perquè és un pispa (Registre col·loquial).
L'han posat ...

a) Els senyors celebren llurs noces d'argent.
b) S'ha cruspit l'entrepà en un tres i no res.
c) En aquella estança s'esdevingué un crim estrany.
d) Va relliscar i es va fotre de lloros.
e) Esguardava aquella pintura amb veritable fruïció.
f) Aquest paio va torrat i no s'hi guipa gens.
g) Ens va trametre una lletra amb bones noves.

LES PROPIETATS DEL TEXT

El text, unitat de comunicació

Guió
1. El text i el context comunicatiu
2. Les propietats del text

1. El text i el context comunicatiu

Podem dir que un **text** és un **conjunt d'enunciats** que formen una **unitat comunicativa**. Dit d'una altra manera, un text és un conjunt d'elements lingüístics que utilitzem per aconseguir un **propòsit comunicatiu** concret: descriure algú o alguna cosa, intercanviar informació, opinar sobre una proposta, etc. Per tant, són igualment textos cadascuna de les unitats comunicatives següents:

–Hola, Sara! Tu per aquí?

–Ei, Marc! Com estàs?

–Bé, les vacances sempre proven. No sabia que t'havies posat a treballar.

–Sí, noi. Però és una feina temporal, eh! Només durant les vacances de Nadal. Així i tot, sempre va bé tindre uns quants calerons. I encara més si no els has de demanar als pares.

–Que bé! No saps com t'envejo. I com has trobat aquesta feineta?

–Res. Vaig veure l'anunci d'una oferta de treball per a estudiants i m'hi vaig presentar. La sorpresa va ser meva quan em van dir que m'havien agafat.

–Quina sort! I et fan pencar gaire?

–Home, més aviat sí. No em puc encantar. Vaig de bòlit. Bé, et deixo que ja em reclamen. Adeu, Marc.

–Adeu, Sara. I no t'hi cansis gaire, eh!

Important cadena de moda juvenil necessita dependents i dependentes per a la campanya nadalenca (12 dies laborables)

Descripció: atendre els clients, preparar les peces de roba per fer-les atractives i accessibles (plegament, collocació i reposició).
Requisits: gent activa, amable i servicial, amb ganes d'aprendre i capaç de treballar en equip.
Estudis mínims: ESO
Experiència: no se'n requereix.
Horari: tarda-vespre (15-21h)
Sou: 450 € més comissions per vendes
Contacte: moda-galanxo@galanxo.cat

En parlar de text, no tan sols ens referim a un conjunt d'enunciats, sinó també a tots aquells aspectes del **context comunicatiu** que són necessaris per interpretar i produir qualsevol text. Per exemple, un enunciat com aquest «*Bé, et deixo, que ja em reclamen.*» pot tenir diverses interpretacions segons en quina situació (en quin context) es produeixi:

a) *Bé, et deixo, que em criden per megafonia.*
b) *Bé, et deixo, que un client em presenta una reclamació.*
c) *Bé, et deixo, que un client em demana que l'atengui.*

2. Les propietats del text

Els textos no són només el resultat de l'aplicació d'unes regles gramaticals, sinó també el resultat de la relació que estableix el text amb el **context comunicatiu** i amb el **significat** que vol transmetre. Aquestes característiques dels textos són les anomenades **propietats textuals**.

Les propietats textuals agrupen els tres processos bàsics que hem de tenir en compte per analitzar i produir textos: l'**adequació**, la **coherència** i la **cohesió**. Diem que un text està ben format quan és adequat, coherent i està ben cohesionat.

2.1. L'adequació

L'**adequació** és la propietat que fa que un text sigui apropiat a la **situació comunicativa** en què es produeix. Per exemple:

- Segons el **grau de confiança** entre l'emissor i el receptor, utilitzarem les formes de tractament de *tu*, de *vós* o de *vostè*.
- Segons el **grau de formalitat** que requereix la situació comunicativa, farem servir un *registre formal* (especialitzat o estàndard) o bé un *registre no formal* (col·loquial o vulgar).
- Segons el **grau d'implicació personal**, produirem un *text subjectiu* (si hi manifestem les nostres creences o valoracions) o bé un *text objectiu* (si evitem de manifestar-hi el nostre punt de vista).
- Segons la **intenció comunicativa**, elaborarem un tipus de text o un altre. Així, si la nostra intenció és ensenyar a fer funcionar un aparell, produirem un *text instructiu*; en canvi, si el que volem és enumerar les característiques d'un aparell, produirem un *text descriptiu*.

Vegem com s'adeqüen els dos textos anteriors a la situació comunicativa.

a) La Sara i en Marc tenen un grau de confiança alt (es tutegen, com correspon entre companys o amics); parlen amb un grau de formalitat baix (fan servir el registre col·loquial, com correspon a l'ús oral de la llengua en una situació que es caracteritza per la improvisació i l'espontaneïtat), i tenen un grau d'implicació alt en el diàleg (produeixen un text subjectiu perquè hi manifesten les seves creences i opinions).

A més a més, tant la Sara com en Marc tenen la intenció d'intercanviar informacions i opinions, per la qual cosa produeixen entre tots dos un text conversacional.

b) L'oferta de treball, en canvi, és un text preparat i escrit, que s'adreça, des d'una empresa comercial, a joves estudiants en general. Aquesta situació comunicativa exigeix un grau de formalitat mitjà (la correcció pròpia de la varietat estàndard de la llengua) i un grau d'implicació de l'emissor molt baix, com correspon a una oferta de treball, un text objectiu. A més, com que la intenció comunicativa és enumerar les característiques i les condicions del lloc de treball, l'emissor ha elaborat un tipus de text descriptiu.

2.2. La coherència

La **coherència** és la propietat que construeix **el significat del text**; és a dir, quin tema desenvolupa i com ho fa. Així, els elements bàsics de la coherència són els següents:

- El **tema del text**: allò de què volem que tracti el text.
- La **selecció de la informació**: tot allò que, finalment, decidim transmetre entre tota la informació que podríem donar sobre el tema.
- L'**estructuració del tema**: com organitzem les informacions seleccionades d'acord amb la intenció comunicativa; és a dir, el tipus de text i el gènere textual que caldrà que utilitzem.
- El **desenvolupament del tema**: com distribuïm la informació compartida i la informació nova de manera lògica (la informació nova parteix de la ja coneguda).

Vegem com es manifesten els elements de coherència en els dos textos anteriors.

a) El text que creen la Sara i en Marc desenvolupa el tema del treball temporal i presenta l'estructura pròpia dels diàlegs: a) obertura (salutacions); b) orientació (establiment del tema a tractar); c) desenvolupament (intercanvi d'informacions sobre el tema); d) conclusió (acord sobre el tema), e) tancament (comiat, fi de la conversa). Tots dos van teixint el text a base de relacionar informacions conegudes amb informacions noves de manera lògica.

b) L'anunci desenvolupa el mateix tema i organitza les informacions d'acord amb l'estructura característica de les ofertes de treball i dels textos descriptius (dels aspectes més generals als més concrets). L'emissor (l'empresa comercial) ha seleccionat les informacions imprescindibles d'acord amb la brevetat i precisió que requereix aquesta oferta de treball, i les ordena de manera lògica (descripció, requisits, estudis mínims, horari, sou i mode de contacte).

2.3. La cohesió

La **cohesió** és la propietat que fa que les parts del text estiguin **unides** i **relacionades**. Això s'aconsegueix bàsicament gràcies a aquests **mecanismes de cohesió**:

- La **referència**: és el mecanisme que ens permet interpretar un element lingüístic (B) en relació amb un altre element lingüístic o extralingüístic, que funciona com a antecedent (A).

Així, si volem fer referència dues vegades consecutives a una mateixa idea (en l'exemple següent, *els diners*), podem expressar aquesta idea, però evitant la repetició literal del sintagma, com ara a les frases *a* i *b*:

Aviat em quedo sense ***diners***.
A

a) *Sempre va bé tindre uns quants calerons.*
B

b) *I encara més si no els has de demanar als pares.*
B

- La **connexió**: és el mecanisme que uneix i relaciona dues oracions per mitjà d'un **connector oracional** o diverses parts del text per mitjà d'un **connector textual**. Per exemple:

a) *Els diners encara van més bé* ***si*** *no els has de demanar als pares.*
[connector oracional]

b) *–No sabia que t'havies posat a treballar.*

–Sí, noi, ja ho veus. ***Però*** *és una feina temporal, eh!* ***Així i tot****, sempre va bé tindre uns quants calerons.*
[connector textual] [connector textual]

Observem que els connectors fan explícites les **relacions de sentit** que s'estableixen entre diverses unitats del text; per exemple: *si* (condició), *però* (oposició), *així i tot* (contrast). Si no utilitzéssim els connectors, el receptor hauria de fer un esforç de comprensió addicional per interpretar aquestes relacions.

Vegem com es manifesten els elements de cohesió en els dos textos anteriors.

a) En el diàleg podem observar diversos elements de cohesió, entre els quals destaquen l'ús de vocatius (*Sara, Marc, noi, home*) per referir-se als interlocutors, certes expressions emfàtiques i preguntes que faciliten el canvi de torn de paraula (*Que bé! Quina sort! Com estàs? Tu per aquí?*), diverses referències al tema de la conversa (*feina temporal, feineta, treball per a estudiants*), l'ús de pronoms

Sabies que...?

Hi ha dos tipus de connexió: la que es produeix dins l'oració per mitjà de les conjuncions de coordinació o de subordinació -llavors parlem de **composició oracional**-, i la que es dona fora dels límits de l'oració per mitjà dels connectors textuals; en aquest cas, parlem de **connexió textual**.

per referir-se a elements del context lingüístic i l'ús de connectors textuals per fer explícites algunes relacions entre parts del text (*però, així i tot*).

b) En l'oferta de treball, en canvi, hi ha pocs elements de cohesió lingüística pel fet que no presenta un estil cohesionat sinó un de molt fragmentat. La intenció de l'anunciant és donar molta claredat visual a la informació: l'ordena de forma esquemàtica i empra diferents tipografies (fonts i formats diferents) en l'anunci. D'altra banda, són els signes de puntuació els que marquen la introducció de les descripcions (els dos punts), n'enumeren els elements (la coma) o afegeixen algun incís explicatiu (els parèntesis).

En els blocs següents ampliarem la informació sobre les propietats del text.

Organitza els teus coneixements

LES PROPIETATS DEL TEXT

ADEQUACIÓ	COHERÈNCIA	COHESIÓ
Relació del text amb la situació comunicativa.	Relació amb la construcció del significat del text.	Relació amb les connexions lingüístiques del text.
• grau de confiança • grau de formalitat • grau d'implicació personal • intenció comunicativa	• tema • selecció de la informació • estructuració del tema • desenvolupament del tema	• referència (gramatical i lèxica) • composició oracional • connexió textual

ACTIVITATS

Propietats del text

El text i el context comunicatiu

1.1. Observa aquests missatges i respon a les qüestions de més avall.

1

2

3

4

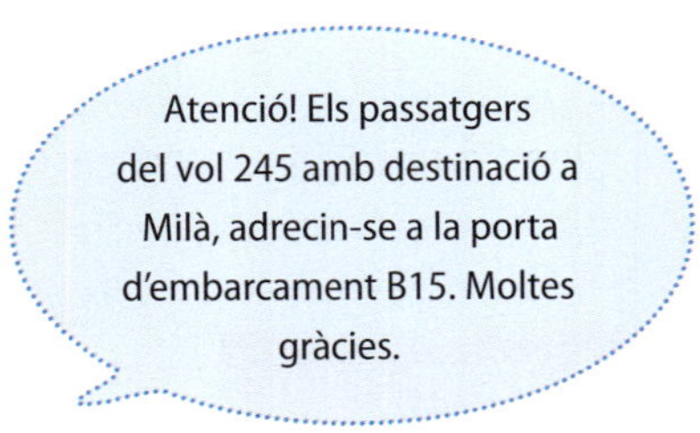

a) ¿Consideres que tots tenen una **funció social**, és a dir, que satisfan diferents necessitats comunicatives que tenim com a persones que formem part d'una societat?

b) Quina o quines de les següents **funcions comunicatives** desenvolupen cadascun dels missatges anteriors?

Funcions comunicatives

- **Lúdica**: entretenir amb el joc o la ficció.
- **Informativa**: donar uns coneixements o informacions.
- **Estètica**: jugar amb el llenguatge i cridar l'atenció sobre el missatge.
- **Interactiva**: iniciar i mantenir la relació amb un altre interlocutor.
- **Publicitària**: vendre un producte, un servei o una idea, tot convencent de la seva bondat el receptor.
- **Polèmica**: prendre partit per una opinió o idea i contrastar-la amb els altres.
- **Moralitzadora**: transmetre uns ensenyaments o pautes de conducta.
- **Didàctica**: fer entendre un concepte o idea utilitzant diferents recursos perquè sigui comprès pel receptor.
- **Instructiva** (o directiva): Moure a actuar, a fer una cosa determinada.

c) Quins missatges són producte de l'**activitat verbal** humana?

d) Quin presenta una **unitat lingüística** i **comunicativa** i, per tant, és un text?

Les propietats del text

1.2. Aparella les propietats bàsiques del text amb la **definició** corresponent:

1. **Adequació** •
2. **Coherència** •
3. **Cohesió** •

- a) Propietat que fa que totes les informacions del text estiguin unides i relacionades per mitjà de marques formals (connectors textuals, nexes gramaticals, pronoms, repeticions, sinònims i signes de puntuació).
- b) Propietat que fa que un text sigui apropiat a la situació comunicativa en què es produeix gràcies a les opcions que ofereixen les varietats de la llengua.
- c) Propietat que fa que un text tingui una estructura en què cada informació sobre el tema ocupi el lloc que li correspon, sense contradiccions ni buits informatius.

1.3. Llegeix aquests textos. Després, assigna cada una de les característiques que es descriuen a un dels dos textos.

Text 1

Fermentació

El llevat del pa és del grup dels organismes microscopis, de la família dels fongs, combinats amb bacteris, que viuen al gra de blat i creixen si tenen aliment, humitat i escalfor. Aquests microorganismes fermenten la massa en nodrir-se del midó de la farina i en desprendre un gas que és el diòxid de carboni. Aquest gas és el que fa bombolles i dona esponjositat i volum a la massa. Tot aquest procés succeeix a les fleques del món des de fa mil·lennis, però no va ser descrit fins al 1857 pel científic francès Louis Pasteur.

Text 2

Ara que estudiem els aliments, us contaré una llegenda que explica l'origen del pa que mengem. Diuen que un esclau egipci que s'encarregava de pastar el pa àzim... –sí, el pa sense fermentar, espès i difícil de pair– doncs es va descuidar, durant un parell de dies, un tros de massa fora del forn. Però, amb l'escalforeta de la cuina, aquella massa va criar els fongs i els bacteris de la farina, i va començar a fermentar. Imagineu-vos quina cara de pomes agres que va posar el cap de la cuina en veure allò! Es va empipar d'allò més: pensava que aquelles bombolles que feien créixer la massa podien ser tòxiques! I què va fer? Doncs no se li va acudir res més que castigar el pobre esclau. Va fer-li enfornar aquell bocí de massa i després l'hi faria menjar! Però la sorpresa va venir quan va veure que del forn en sortia un aliment olorós, cruixent i molt gustós: era el nostre pa!

Joan Lluc Costa, Sol Cots i Roser Camps: *Cuina cordill: el pa i la farina. Tot el que ens cal saber per a fer pa a casa.*

a) El text té un tema clar, que coincideix amb el títol. Tota la informació té relació amb el tema que tracta i està organitzada d'acord amb el tipus de text (descriptiu de modalitat explicativa) i amb el gènere textual escollit (article de tipus enciclopèdic).

b) L'emissor del text és una mestra que explica als seus alumnes de primària una història relacionada amb el tema dels aliments, que ara estudien a classe; és parlant del català central, utilitza un registre més aviat col·loquial i empra elements propis de la llengua oral.

c) El text desenvolupa el tema que podem formular com a «llegenda de l'origen del pa que mengem». Tota la informació seleccionada està relacionada amb el tema que tracta i s'organitza d'acord amb el tipus de text, narratiu (plantejament, desenvolupament de l'acció i desenllaç), i amb el gènere textual escollit, una llegenda.

d) El text estableix relacions lèxiques per mitjà de la sinonímia (*organismes microscopis* = *microorganismes*), la repetició (*un gas* = *aquest gas*) i l'ús d'un nom general (*... Tot aquest procés*). La majoria d'enunciats estan formats per oracions compostes coordinades i unides pel nexe *i*, llevat d'una (*però*). Gairebé totes les oracions estan correlacionades amb l'ús del mateix temps verbal (el present d'indicatiu, amb valor atemporal).

e) L'emissor del text és una persona que ha escrit una informació complementària per a un llibret de divulgació adreçat als lectors interessats per fer el pa a casa, per la qual cosa utilitza amb correcció la varietat estàndard de la llengua i construeix el text amb les característiques pròpies de la llengua escrita.

f) El text estableix relacions lèxiques per mitjà de la sinonímia (*pa àzim* = *pa sense fermentar*) i la repetició (*tros de massa* = *aquella massa* = *la massa* = *aquell boci de massa*). La majoria d'enunciats tenen una certa complexitat sintàctica: estan formats per oracions compostes per subordinació. Hi ha uns quants pronoms (*allò*, *li*, *l'hi*, *en*) que s'interpreten per relació amb elements lingüístics apareguts en el text. Pel que fa a la correlació dels temps verbals, apareix el present i el futur pròxim d'acord amb el context comunicatiu (ara i aquí) i el temps passat d'acord amb el context lingüístic (abans en un país llunyà).

1.4. Classifica els comentaris de l'activitat anterior segons les propietats bàsiques del text a què es refereixin.

Adequació	Coherència	Cohesió
	a)	

TÈCNIQUES I HABILITATS

La planificació de l'escrit

Guió

1. Explorar la situació comunicativa
2. Generar idees
3. Organitzar les idees

Tant en l'àmbit acadèmic com en l'àmbit social, molt sovint ens veiem obligats a redactar un text per **descriure** un objecte o un fenomen; **argumentar** una idea o una opinió, o bé **exposar** uns fets o uns conceptes. Si volem que el nostre escrit sigui un text precís, ordenat i coherent, haurem de fer, abans de tot, una bona **planificació** del nostre treball. Per això caldrà, abans de començar a escriure, seguir aquesta seqüència de passos previs: a) explorar la situació comunicativa; b) generar idees, i c) organitzar-les.

1. Explorar la situació comunicativa

L'anàlisi de la situació comunicativa és la primera etapa del procés de planificació; consisteix a reflexionar sobre els diversos elements que integren l'acte comunicatiu, de manera especial l'**objectiu** que perseguim, el **destinatari** d'aquest missatge, la nostra implicació com a **emissors** i les característiques del **missatge** que volem transmetre. L'anàlisi prèvia d'aquests elements ens ha d'ajudar a redactar un text més **adequat** i més **eficaç**.

Guia per analitzar la situació comunicativa	
Propòsit (objectiu) • Què vull aconseguir amb aquest escrit? • Com vull que reaccionin els lectors? • Què vull que facin amb el meu text?	**Destinatari** (receptor) • Què sé dels qui llegiran el text? • Què saben del tema de què escric? • Quina informació els haig d'explicar? • Com els l'haig d'explicar?
Autor (emissor) • Quina relació espero establir amb els lectors? • Quina imatge meva vull projectar en l'escrit? • Quin to vull adoptar?	**Escrit** (missatge) • Com imagino que serà l'escrit que faré? • Quin gènere discursiu hauré de compondre? • Serà llarg o curt? Quantes parts tindrà? • Quin registre faré servir?

Font: Daniel Cassany. *La cuina de l'escriptura* (text adaptat).

2. Generar idees

Un cop analitzada la situació comunicativa, hem de generar les idees necessàries per poder omplir de contingut el nostre escrit. Aquest procés dependrà del tipus de text que vulguem crear.

Per generar les idees del nostre text podem seguir alguna de les tècniques següents:

Fer-nos preguntes

Textos de caràcter informatiu o narratiu

Per generar les idees d'una narració o d'un text **periodístic** de gènere **narratiu** (notícia, crònica, reportatge), ens podem formular les sis preguntes que solen aplicar els periodistes a l'hora de redactar una notícia:

- *Qui és el protagonista dels fets que vull narrar?*
- *Què ha passat?*
- *Quan ha passat?*
- *On ha passat?*
- *Com ha passat?*
- *Per què ha passat?*

Textos de caràcter descriptiu

Per generar les idees d'un text **descriptiu**, ens podem formular les preguntes següents:

- *Com puc definir l'element que vull descriure?*
- *Quin és el seu aspecte general? A què s'assembla?*
- *Quines parts el formen?*
- *Quines característiques vull destacar de cadascuna d'aquestes parts?*
- *Quins elements formen el seu entorn?*
- *Què sé del seu caràcter o de la seva existència?*
- *Quina impressió em transmet?*

Textos de caràcter argumentatiu

Per generar les idees d'un text **argumentatiu**, ens podem formular aquestes preguntes:

- *Sobre què vull opinar?*
- *Quina idea o opinió vull defensar?*
- *Quines premisses puc utilitzar per donar suport a la meva idea?*
- *Quins arguments (d'autoritat, de causa o conseqüència, d'interès o perjudici, sentimentals, etc.) puc aportar?*
- *A quina conclusió vull arribar?*

Textos de caràcter expositiu

Per generar les idees d'un text **expositiu**, ens podem formular aquestes preguntes:

- *Quin concepte o fenomen vull exposar?*
- *Com puc definir aquest concepte o fenomen?*
- *Quins elements el formen? Quina importància tenen?*
- *Quin és el seu origen? Quina és la seva funció?*
- *Què caracteritza la seva existència? Quines conseqüències té?*
- *Quin és el seu entorn? Amb què es relaciona?*

RECORDA

Els textos segons la seva funció

- **Text informatiu** o **narratiu.** Dona a conèixer les notícies a través dels mitjans audiovisuals i escrits.
- Text **descriptiu.** Expressa característiques que ens permeten identificar i conèixer persones, animals, llocs o objectes.
- Text **argumentatiu.** Formula raonaments per afermar o refutar una idea o una opinió.
- Text **explicatiu** o **expositiu.** Exposa una matèria científica, social, cultural o artística perquè la gent l'entengui i la conegui.

Fer una pluja d'idees		
Textos de caràcter narratiu	Anotem les idees clau relacionades amb el tema, els personatges i l'argument de la narració. Per exemple:	
	Tema	Accident de trànsit
	Personatges	• Ciclista de 16 anys • Automobilista de 35 anys • Policia • Pares del ciclista
	Argument	• Ciclista surt un diumenge per carretera. • Entra en una rotonda. • Automobilista no el veu i l'atropella. • Avisen la policia i l'ambulància. • L'ambulància el porta a l'hospital. • La policia truca als pares del ciclista. • Reacció dels pares. 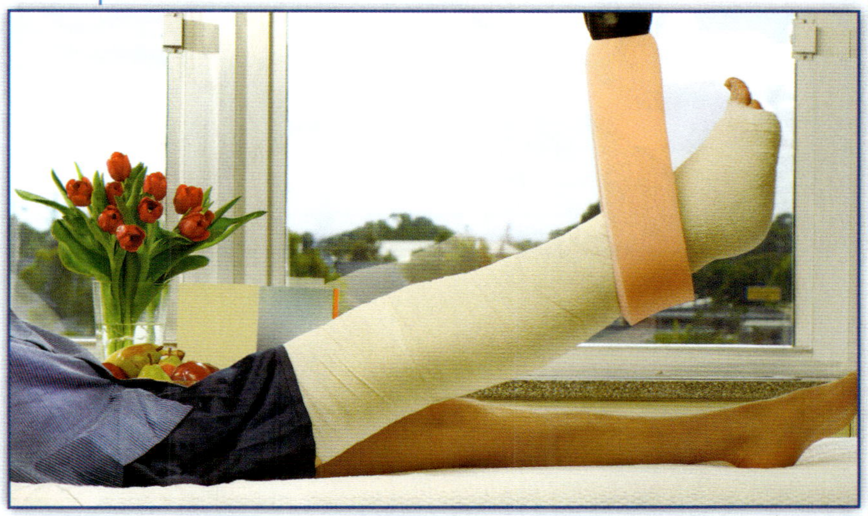
Textos de caràcter descriptiu	Anotem les idees clau que caracteritzen l'element que volem descriure. Si es tracta d'una persona, en farem un retrat. Per exemple: • **Element que volem descriure:** noia de 16 anys • **Aspecte físic**: alta i prima, esvelta i àgil, pell clara, cabells castanys, llargs i llisos, cara allargada, ulls marrons i ametllats. • **Vestuari**: samarreta rosa, pantalons texans, vambes blanques. • **Caràcter**: alegre, divertida, simpàtica, afectuosa, sociable i extravertida.	
Textos de caràcter argumentatiu	Anotem les idees clau de l'opinió que volem defensar: la tesi, els arguments i les conclusions o implicacions. Per exemple:	
	Tesi	• Estudiar hauria de tenir remuneració econòmica. • La remuneració seria proporcional al rendiment.
	Arguments	• Estudiar és una feina. • La remuneració seria una motivació.
	Conclusió	Caldria modificar el sistema d'ajuts als estudiants.

3. Organitzar les idees

Un cop tenim les idees bàsiques del text que pretenem escriure, convé organitzar-les d'una manera coherent i ordenada. Per fer-ho, disposem de diferents tipus d'esquemes, com ara l'esquema arbori, l'esquema de claus o l'esquema decimal. Vegem un exemple de cada un d'ells.

L'esquema arbori

Descripció d'una noia

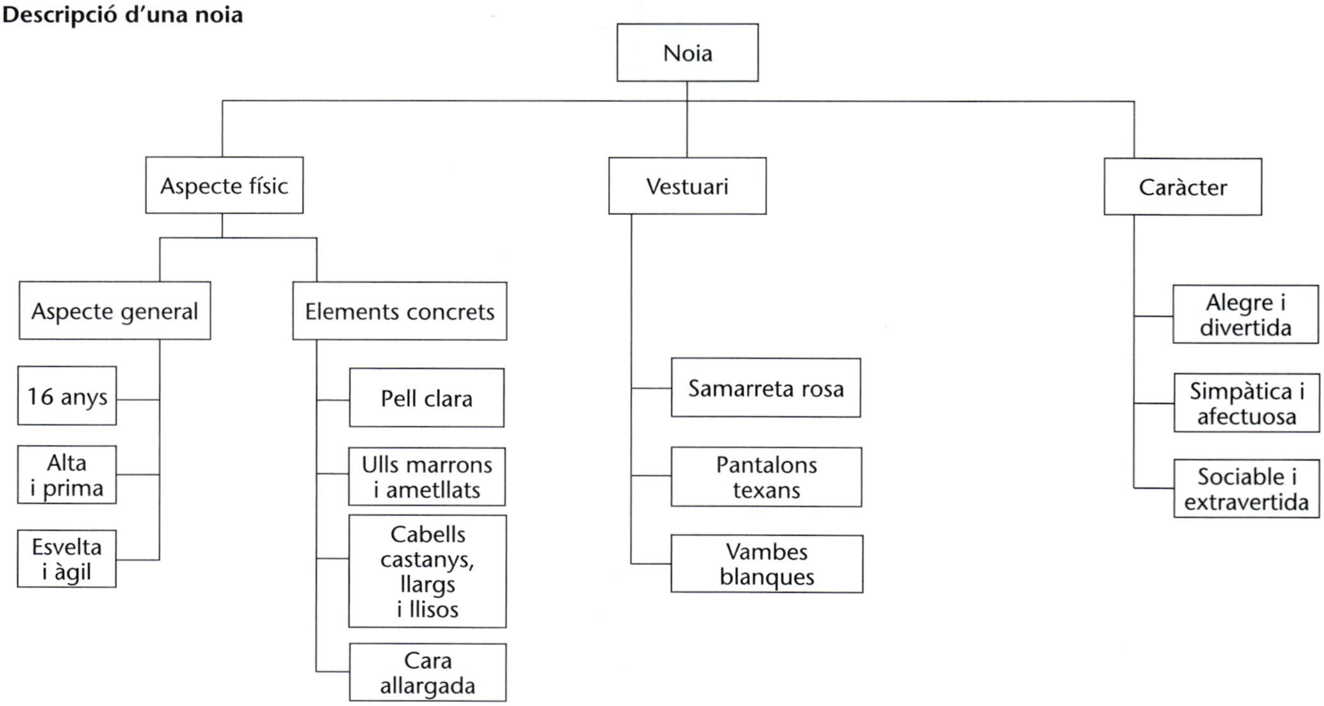

L'esquema de claus

Descripció d'una noia

- Noia
  - Aspecte físic
    - Aspecte general
      - 16 anys
      - Alta i prima
      - Esvelta i àgil
    - Elements concrets
      - Pell clara
      - Ulls marrons i ametllats
      - Cabells castanys, llargs i llisos
      - Cara allargada
  - Vestuari
    - Samarreta rosa
    - Pantalons texans
    - Vambes blanques
  - Caràcter
    - Alegre i divertida
    - Simpàtica i afectuosa
    - Sociable i extravertida

L'esquema decimal

Descripció d'una noia

1. Aspecte físic
   1.1. Aspecte general
      1.1.1. 16 anys
      1.1.2. Alta i prima
      1.1.3. Esvelta i àgil
   1.2. Element concrets
      1.2.1. Pell clara
      1.2.2. Cara allargada
      1.2.3. Ulls marrons i ametllats
      1.2.4. Cabells castanys, llargs i llisos
2. Vestuari
   2.1. Samarreta rosa
   2.2. Pantalons texans
   2.3. Vambes blanques
3. Caràcter
   3.1. Alegre i divertida
   3.2. Simpàtica i afectuosos
   3.3. Sociable i extravertida

ACTIVITATS

Tècniques i habilitats

Explorar la situació comunicativa

1.1. Explica quina és la situació comunicativa (l'**objectiu**, el **destinatari**, la implicació de l'**emissor** i les característiques del **missatge**) dels textos següents:

1

Benvolguda senyora,
En nom de la presidenta de l'Associació Cultural i Artística, em plau comunicar-li que la seva obra ha estat seleccionada per representar aquesta associació en el Festival Internacional que s'ha de celebrar a Berlín el mes de febrer de l'any vinent.

Aprofito l'avinentesa per transmetre-li la felicitació de tots els membres del jurat que s'ha encarregat d'avaluar les obres presentades al concurs i de seleccionar la guanyadora.

Cordialment,

2

Galindó (Hallux Valgus)
El galindó és una deformitat en la base del dit gros del peu formada pel desplaçament lateral cap a fora de l'extremitat distal del primer metatarsià. Aquesta alteració comporta la producció d'una prominència òssia lateral del cap del metatarsià, que en ocasions adquireix grans proporcions i que és, de vegades, molt dolorosa. La bossa que es desenvolupa sobre aquesta prominència es pot inflamar o infectar. El dolor o l'excessiva deformació solen fer necessària una intervenció quirúrgica.

3

Hola, amics i amigues. BENVINGUTS al meu BLOG.

Em dic Anna Pomereda, tinc 16 anys, he començat el Batxillerat, jugo a futbol i visc a Granollers.

He decidit obrir aquest espai a la xarxa perquè vull mostrar-vos els meus reportatges audiovisuals. Com que m'agrada molt fer fotografies artístiques de paisatges i de racons urbans poc coneguts, he decidit fer uns vídeos en què combino imatges i música. Aquí us en presento uns quants. Espero que us agradin.

4

Ara que s'acosta l'estiu, m'agradaria opinar sobre una qüestió que em sembla preocupant: cada any veig més gent que passeja pels carrers només amb banyador i fins i tot entra a comprar a les botigues i als supermercats.

Considero que és una manera impúdica i poc respectuosa amb els veïns, i que les autoritats hi haurien de posar fre. El banyador és el vestit adequat de les zones de bany, però dintre de les ciutats i dels pobles, la gent hauria d'anar vestida de carrer. Crec que és una norma no escrita que no s'hauria d'infringir.

Generar idees

1.2. Aplicant la tècnica periodística de **formular preguntes** (*qui, què, quan, on, com* i *per què*), genera les idees necessàries (que seran les respostes a aquestes preguntes) per preparar un text de caràcter informatiu a partir de les imatges següents:

1.3. Aplicant la tècnica de la **pluja d'idees**, genera les idees necessàries per preparar un **text** de caràcter **expositiu** a partir de les imatges següents (pots consultar una enciclopèdia, si cal).

Què en sabem, dels elefants?

El sistema solar

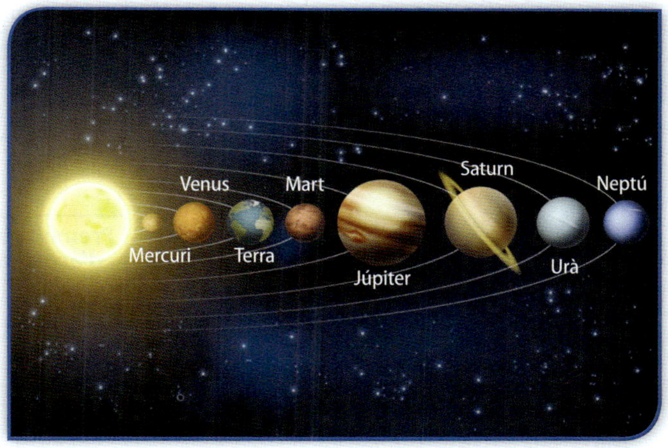

Per la primera fotografia, pots començar d'aquesta manera:

- *Fet, fenomen o objecte que vull exposar*
- *Definició*
- *Origen i evolució. Espècies*
- *Característiques físiques. Importància i funció*
- *Alimentació i reproducció*
- *Hàbitat. Localització. Entorn. Relació amb altres espècies*
- *Aspectes culturals*

...

Organitzar les idees

1.4. Organitza les idees que has generat en l'activitat anterior en un **esquema** de tipus **arbori**. El primer, el pots començar així:

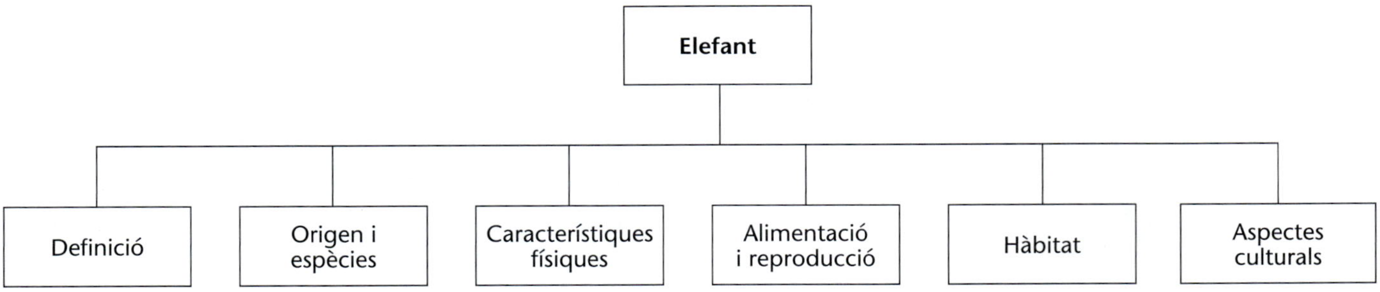

1.5. Converteix els esquemes arboris de l'activitat anterior en **esquemes decimals**.

1.6. Aplica aquest **esquema** de **text argumentatiu** a una opinió personal teva sobre alguna cosa que t'interessi o t'afecti. Aquí t'oferim algunes possibilitats: *el grau d'independència dels joves, les relacions d'amistat, la igualtat d'oportunitats, l'ús de les noves tecnologies, el paper de la cultura o de l'art, la importància de l'esport, els canvis socials*, etc.

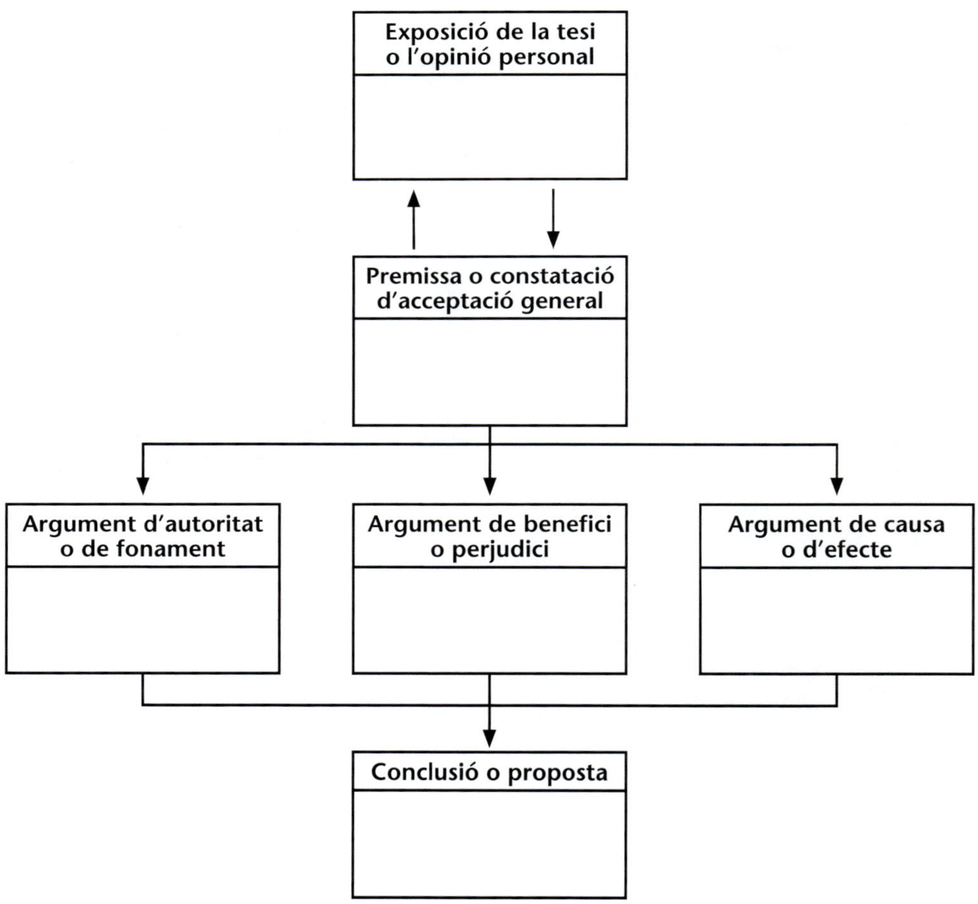

TEMPS VERBALS

Verbs irregulars de la 1a conjugació

Els únics verbs irregulars de la primera conjugació són *anar* o *anar-se'n* i *estar*. Aquests verbs presenten les principals irregularitats en les formes de l'imperatiu:

Imperatiu		
anar / anar-se'n	**estar / estar-se**	
ves / ves-te'n	*estigues / estigues-te / estigue't*	(tu)
vagi / vagi-se'n	*estigui / estigui's*	(vostè)
anem / anem-nos-en	*estiguem / estiguem-nos*	(nosaltres)
aneu / aneu-vos-en	*estigueu / estigueu-vos*	(vosaltres)
vagin / vagin-se'n	*estiguin / estiguin-se*	(vostès)

PRESENT D'INDICATIU	FUTUR	CONDICIONAL	PRESENT DE SUBJUNTIU	IMPERATIU
vaig	*aniré*	*aniria*	***vagi***	
vas	*aniràs*	*aniries*	***vagis***	***ves***
va	*anirà*	*aniria*	***vagi***	***vagi***
anem	*anirem*	*aniríem*	*anem*	*anem*
aneu	*anireu*	*aniríeu*	*aneu*	*aneu*
van	*aniran*	*anirien*	***vagin***	***vagin***

PRESENT D'INDICATIU	PASSAT SIMPLE	PRESENT DE SUBJUNTIU	IMPERFET DE SUBJUNTIU	IMPERATIU
estic	*estigui*	*estigui*	*estigués*	
estàs	*estigueres*	*estiguis*	*estiguessis*	*estigues*
està	*estigué*	*estigui*	*estigués*	*estigui*
estem	*estiguérem*	*estiguem*	*estiguéssim*	*estiguem*
esteu	*estiguéreu*	*estigueu*	*estiguéssiu*	*estigueu*
estan	*estigueren*	*estiguin*	*estiguessin*	*estiguin*

Els verbs regulars acabats en *–iar*, com *canviar*, es pronuncien *can-**vi**-o*, *can-**vi**-es* i *can-**vi**-en* al present d'indicatiu, i *can-**vi**-ï*, *can-**vi**-ïs* i *can-**vi**-ïn* al present de subjuntiu. (La síl·laba destacada en negreta és la tònica.)

ACTIVITATS

1.1. Conjuga el **futur** del verb *anar-se'n* i el **present de subjuntiu** del verb *estar* repetint la frase que segueix:

Jo ***me n'aniré*** quan (jo) ***estigui*** més tranquil.
Tu ... quan (tu) ... més tranquil.

1.2. Conjuga el **condicional** del verb *anar* i l'**imperfet de subjuntiu** del verb *estar* repetint la frase que segueix:
Jo hi ***aniria*** si (jo) ***estigués*** segur de no perdre'm.
Tu hi ... si (tu) ... segur de no perdre't.

1.3. Converteix les **ordres** en **prohibicions** i a l'inrevés, segons correspongui:

Anar-se'n	
Ordres	**Prohibicions**
Ves-te'n.	*No ...*
...	*No se'n vagi.*
Anem-nos-en.	...
...	*No us n'aneu.*
Vagi-se'n.	...

Estar-se	
Ordres	**Prohibicions**
...	*No t'estiguis*
Estigui's	*No ...*
...	*No ens estiguem*
Estigueu-vos	*No ...*
...	*No s'estiguin*

1.4. Conjuga l'**imperfet** i el **present d'indicatiu** del verb *estalviar* repetint la frase que segueix:
Abans jo **estalviava** força; ara (jo) no **estalvio** gaire.
Abans tu ... força; ara (tu) no ... gaire.

1.5. Conjuga el **present de subjuntiu** del verb *canviar* repetint la frase que segueix:
Tant de bo que jo no **canviï**!
Tant de bo que tu no ...

1.6. Conjuga l'**imperatiu** del verb *estalviar*.
estalvia (tu)
... (vostè)
estalviem (nosaltres)
... (vosaltres)
... (vostès)

TEXTOS ADMINISTRATIUS

La instància, la carta i els formularis

Guió

Entenem per **documents administratius** tots aquells escrits en què l'emissor o el receptor és una persona que s'encarrega d'administrar una **entitat pública** (govern, diputació, ajuntament, institut, escola, etc.).

Característiques generals dels documents administratius	
Estructura clara	L'estructura ha de permetre separar visualment les diferents parts del text. Cada document té un format propi.
Registre estàndard	El registre s'ha de caracteritzar per la correcció lingüística i per un grau de formalitat mitjà o, en certs documents, mitjà alt.
Claredat i concisió	La informació ha de ser l'estrictament necessària i, per tant, les idees s'han d'expressar de manera clara i concisa.
Tractament del receptor	El tractament que cal donar al receptor és el de senyor o senyora i el de vós (us comunico) o vostè (li comunico).
To neutre i respectuós	Tenint en compte que van dirigits a una persona que ocupa un càrrec, l'estil ha de ser neutre i respectuós.
Presentació	Els documents s'han d'escriure en fulls DIN A4, amb el text emmarcat dins uns marges d'uns 2 cm i amb un cos de lletra de 10 o 12 punts.

Fórmules habituals del llenguatge administratiu	
Fórmules de tractament i de salutació	Senyor, / Senyora, Senyores i senyors, Distingit senyor, / Distingida senyora,
Fórmules introductòries	El motiu d'aquesta carta és demanar-vos / informar-vos / comunicar-vos que... Us escric per comunicar-vos / informar-vos que... En resposta a la vostra carta de..., us comuniquem que... Hem rebut el vostre escrit del... en què ens assabenteu que... Referent a la vostra carta amb data de..., us comuniquem que...
Fórmules d'agraïment	Us agraïm l'interès que... Compteu amb la nostra gratitud... Gràcies per la vostra...
Fórmules d'excusa	Ens sap molt de greu que... Us presentem les nostres disculpes per...
Fórmules de conclusió	Per tot això, us demanem / sol·licitem... Confiem que ens podreu respondre ben aviat. Si desitgeu més informació... Quedem a la vostra disposició per a tot el que necessiteu. Us agraïm molt el vostre interès. Us agraïm per endavant...
Fórmules de comiat	Atentament, Rebeu una salutació de... Salutacions cordials,

Documents administratius més freqüents	
Instància	Document en què se sol·licita alguna cosa.
Carta	Document que serveix per demanar informació, contestar un escrit que s'ha rebut, manifestar una queixa, etc.
Recurs	Document en què es demana l'anul·lació o la modificació d'una sentència o d'una sanció.
Certificat	Document en què es fa constar de manera oficial allò que consta en els arxius d'una entitat administrativa.
Acta d'una reunió	Document en què es fan constar els temes tractats i els acords presos en una reunió.
Citació	Document en què es fa constar el lloc, el dia i l'hora en què un ciutadà o una ciutadana s'ha de presentar davant una autoritat administrativa.
Convocatòria	Document en què es fa constar el lloc, el dia i l'hora d'una reunió, i també l'ordre del dia (els temes a tractar).
Invitació	Document en què s'invita algú a un acte públic o oficial.

Al web www.barcanova.cat podràs veure un model de cada un dels documents esmentats.

Els documents administratius que els ciutadans hem de redactar amb més freqüència són la **instància** i la **carta**; però, per altra banda, moltes institucions demanen que omplim **formularis** diversos per tal d'inscriure'ns en una activitat, demanar una beca, fer una reclamació, etc.

1. La instància

Una instància és una sol·licitud escrita que un ciutadà o una ciutadana adreça a la persona responsable d'una entitat pública.

Dades de la persona que fa la instància	Marina Clavell Ramírez, nascuda a Sabadell el 13 d'abril de 2000, estudiant de l'Institut Salvador Espriu de Barcelona, amb DNI núm. 62.626.626 A i amb domicili a Barcelona, avinguda Meridiana, núm. 70, entl. 1a (CP 08018), telèfon 898 898 898,
Exposició dels fets	**EXPOSO:** 1. Que, en fer la matrícula de 1r de Batxillerat, vaig optar pel Batxillerat d'Humanitats i ciències socials i vaig triar les assignatures de modalitat següents: Grec I, Llatí I, Literatura universal i Matemàtiques aplicades a les ciències socials. 2. Que, un cop iniciat el curs, m'he adonat que els meus interessos s'orienten més aviat cap a l'àmbit artístic, concretament, cap als estudis de Belles Arts.
Fórmula d'enllaç	Per tot això,
Concreció del que se sol·licita	**DEMANO:** Que em permeteu modificar la matrícula i canviar de grup per tal de poder cursar el Batxillerat d'Arts fent les matèries de modalitat següents: Arts plàstiques, Imatge i disseny, Dibuix artístic I, Dibuix tècnic I i Història de l'art.
Fórmula de cortesia	Cosa que espero obtenir.
Localitat i data	Barcelona, 25 de novembre de 2016
Signatura	
Destinatari (càrrec)	SR. DIRECTOR DE L'INSTITUT SALVADOR ESPRIU. BARCELONA

Sabies que...?

- Quan el propòsit d'una sol·licitud es repeteix amb freqüència o hi ha molta gent interessada, l'administració mateixa ha de proporcionar-ne els models o els impresos corresponents.
- Quan no comptem amb un imprès de sol·licitud, agrupem les dades personals en un únic paràgraf.

2. La carta

Una carta és una comunicació escrita de contingut variable que, per tant, permet tractar qüestions molt diverses: demanar informació, contestar un escrit que s'ha rebut, manifestar una queixa, fer una proposta, mostrar agraïment, fer una invitació, etc.

Destinatari o destinatària	Sra. Carme Valls Ribera Alcadessa de l'Ajuntament Plaça de la Vila, núm. 1
Tractament	Distingida senyora,
Cos de la carta (distribuït en paràgrafs)	En nom dels alumnes i el professorat de l'Institut Pau Casals, em plau comunicar-vos que el dia 10 de juny celebrarem una festa especial dedicada a la creació artística sota el nom de «El dia de les arts». La jornada constarà de diverses exposicions (pintura, mosaic, disseny, fotografia...) i diversos actes (música, teatre, dansa, circ...) a través dels quals pretenem donar a conèixer a les famílies i a la població una sèrie d'activitats que s'han dut a terme al llarg del curs. Seria per a nosaltres una satisfacció poder comptar amb la presència d'un gran nombre de representants del consistori de la població i, de manera especial, amb la vostra intervenció, com a alcaldessa, en l'acte de clausura que ha de tenir lloc a l'aula magna del Centre a les 5 de la tarda. Amb l'esperança que accepteu la invitació, us prego que us poseu en contacte amb nosaltres al més aviat possible per tal de poder concretar els detalls de l'acte.
Fórmula de comiat	Rebeu una salutació cordial de
Signatura	
Nom i càrrec de l'emissor	Lluís Teixidor del Castillo Director de l'Institut Pau Casals
Localitat i data	El Vendrell, 20 d'abril de 2016

3. Els formularis

Els formularis són **impresos** que hem d'omplir amb les nostres dades per tal de sol·licitar alguna cosa a una entitat pública. Els formularis són molt freqüents en l'àmbit de l'educació (preinscripció i matrícula, sol·licitud de beques, inscripció en activitats escolars o extraescolars), en l'àmbit sanitari (sol·licitud de targeta sanitària, sol·licitud de canvi de metge) o en l'àmbit municipal (sol·licitud d'alta en el cens, sol·licitud de permís d'obres).

ACTIVITATS

Textos administratius

Text i context: l'adequació

2.1. Posa't en el lloc d'una noia de 17 anys que hagi estat treballant en una empresa especialitzada en tecnologia durant sis mesos (900 hores). En nom seu, redacta una instància dirigida al director del centre on estudia Batxillerat per tal de sol·licitar-li la convalidació d'una matèria optativa de primer curs pel fet d'haver tingut un contracte en pràctiques, d'acord amb el que estableix el decret que regula les matèries que s'han de cursar en el Batxillerat.

2.2. Posa't en el lloc d'una persona que tingui certes dificultats de mobilitat. En nom seu, redacta una carta dirigida a l'alcalde o l'alcadessa de la teva localitat explicant-li quina és la situació pel que fa a les barreres arquitectòniques que hi ha a la població. Fes-li algunes propostes concretes per tal de millorar-la: rebaixar les voreres als passos de vianants, construir rampes a les escales d'accés als edificis públics, etc.

2.3. Suposant que el curs vinent tens la intenció de fer Batxillerat, obtén l'imprès de sol·licitud de preinscripció i emplena el formulari. Pots trobar-lo al teu espai personal del web www.barcanova.cat

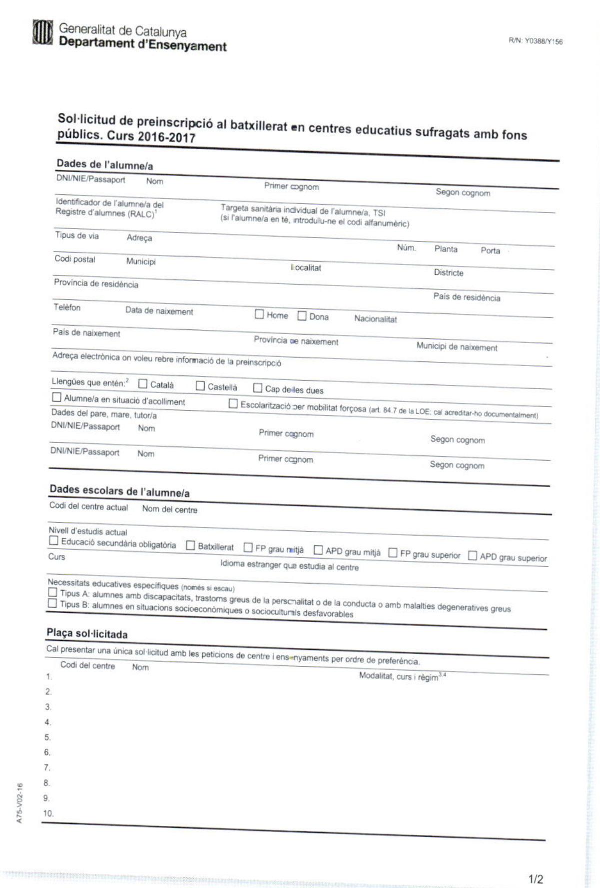

Generalitat de Catalunya
Departament d'Ensenyament

R/N: Y0388/Y156

Sol·licitud de preinscripció al batxillerat en centres educatius sufragats amb fons públics. Curs 2016-2017

Dades de l'alumne/a

DNI/NIE/Passaport | Nom | Primer cognom | Segon cognom

Identificador de l'alumne/a del Registre d'alumnes (RALC)[1] | Targeta sanitària individual de l'alumne/a, TSI (si l'alumne/a en té, introduïu-ne el codi alfanumèric)

Tipus de via | Adreça | Núm. | Planta | Porta

Codi postal | Municipi | Localitat | Districte

Província de residència | País de residència

Telèfon | Data de naixement | ☐ Home ☐ Dona | Nacionalitat

País de naixement | Província de naixement | Municipi de naixement

Adreça electrònica on voleu rebre informació de la preinscripció

Llengües que entén:[2] ☐ Català ☐ Castellà ☐ Cap de les dues

☐ Alumne/a en situació d'acolliment ☐ Escolarització per mobilitat forçosa (art. 84.7 de la LOE; cal acreditar-ho documentalment)

Dades del pare, mare, tutor/a

DNI/NIE/Passaport | Nom | Primer cognom | Segon cognom

DNI/NIE/Passaport | Nom | Primer cognom | Segon cognom

Dades escolars de l'alumne/a

Codi del centre actual | Nom del centre

Nivell d'estudis actual
☐ Educació secundària obligatòria ☐ Batxillerat ☐ FP grau mitjà ☐ APD grau mitjà ☐ FP grau superior ☐ APD grau superior

Curs | Idioma estranger que estudia al centre

Necessitats educatives específiques (només si escau)
☐ Tipus A: alumnes amb discapacitats, trastorns greus de la personalitat o de la conducta o amb malalties degeneratives greus
☐ Tipus B: alumnes en situacions socioeconòmiques o socioculturals desfavorables

Plaça sol·licitada

Cal presentar una única sol·licitud amb les peticions de centre i ensenyaments per ordre de preferència.

	Codi del centre	Nom	Modalitat, curs i règim[3,4]
1.			
2.			
3.			
4.			
5.			
6.			
7.			
8.			
9.			
10.			

A75-V02-16

1/2

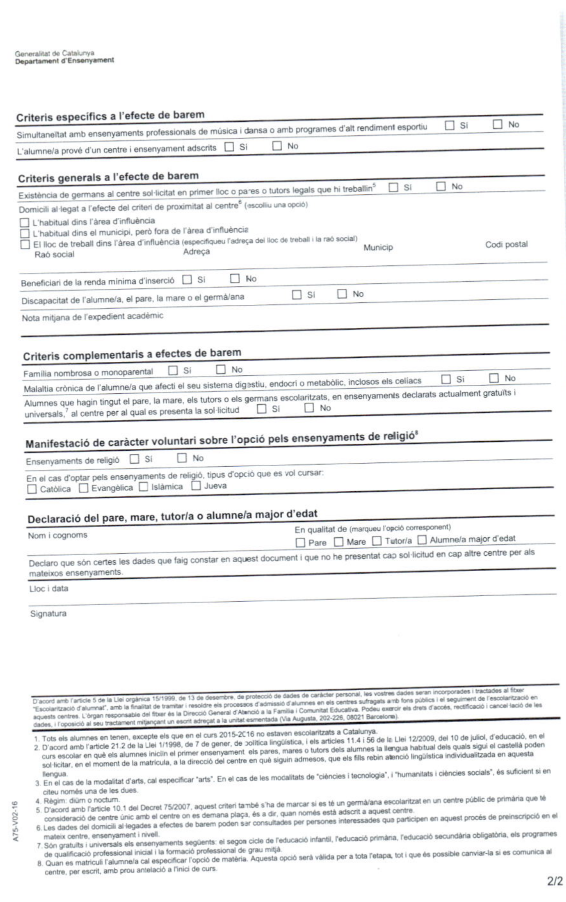

Generalitat de Catalunya
Departament d'Ensenyament

Criteris específics a l'efecte de barem

Simultaneïtat amb ensenyaments professionals de música i dansa o amb programes d'alt rendiment esportiu ☐ Sí ☐ No

L'alumne/a prové d'un centre i ensenyament adscrits ☐ Sí ☐ No

Criteris generals a l'efecte de barem

Existència de germans al centre sol·licitat en primer lloc o pares o tutors legals que hi treballin[5] ☐ Sí ☐ No

Domicili al·legat a l'efecte del criteri de proximitat al centre[6] (escolliu una opció)
☐ L'habitual dins l'àrea d'influència
☐ L'habitual dins el municipi, però fora de l'àrea d'influència
☐ El lloc de treball dins l'àrea d'influència (especifiqueu l'adreça del lloc de treball i la raó social)
Raó social | Adreça | Municip | Codi postal

Beneficiari de la renda mínima d'inserció ☐ Sí ☐ No

Discapacitat de l'alumne/a, el pare, la mare o el germà/ana ☐ Sí ☐ No

Nota mitjana de l'expedient acadèmic

Criteris complementaris a efectes de barem

Família nombrosa o monoparental ☐ Sí ☐ No

Malaltia crònica de l'alumne/a que afecti el seu sistema digestiu, endocrí o metabòlic, inclosos els celíacs ☐ Sí ☐ No

Alumnes que hagin tingut el pare, la mare, els tutors o els germans escolaritzats, en ensenyaments declarats actualment gratuïts i universals,[7] al centre per al qual es presenta la sol·licitud ☐ Sí ☐ No

Manifestació de caràcter voluntari sobre l'opció pels ensenyaments de religió[8]

Ensenyaments de religió ☐ Sí ☐ No

En el cas d'optar pels ensenyaments de religió, tipus d'opció que es vol cursar:
☐ Catòlica ☐ Evangèlica ☐ Islàmica ☐ Jueva

Declaració del pare, mare, tutor/a o alumne/a major d'edat

Nom i cognoms | En qualitat de (marqueu l'opció corresponent) ☐ Pare ☐ Mare ☐ Tutor/a ☐ Alumne/a major d'edat

Declaro que són certes les dades que faig constar en aquest document i que no he presentat cap sol·licitud en cap altre centre per als mateixos ensenyaments.

Lloc i data

Signatura

D'acord amb l'article 5 de la Llei orgànica 15/1999, de 13 de desembre, de protecció de dades de caràcter personal, les vostres dades seran incorporades i tractades al fitxer "Escolarització d'alumnat", amb la finalitat de tramitar i resoldre els processos d'admissió d'alumnes en els centres sufragats amb fons públics i el seguiment de l'escolarització en aquests centres. L'òrgan responsable del fitxer és la Direcció General d'Atenció a la Família i Comunitat Educativa. Podeu exercir els drets d'accés, rectificació i cancel·lació de les dades, i l'oposició al seu tractament mitjançant un escrit adreçat a la unitat esmentada (Via Augusta, 202-226, 08021 Barcelona).

1. Tots els alumnes en tenen, excepte els que en el curs 2015-2016 no estaven escolaritzats a Catalunya.
2. D'acord amb l'article 21.2 de la Llei 1/1998, de 7 de gener, de política lingüística, i els articles 11.4 i 56 de la Llei 12/2009, del 10 de juliol, d'educació, en el curs escolar en què els alumnes iniciïn el primer ensenyament els pares, mares o tutors dels alumnes la llengua habitual dels quals sigui el castellà poden sol·licitar, en el moment de la matrícula, a la direcció del centre en què siguin admesos, que els fills rebin atenció lingüística individualitzada en aquesta llengua.
3. En el cas de la modalitat d'arts, cal especificar "arts". En el cas de les modalitats de "ciències i tecnologia", i "humanitats i ciències socials", és suficient si en citeu només una de les dues.
4. Règim: diürn o nocturn.
5. D'acord amb l'article 10.1 del Decret 75/2007, aquest criteri també s'ha de marcar si es té un germà/ana escolaritzat en un centre públic de primària que té consideració de centre únic amb el centre on es demana plaça, és a dir, quan només està adscrit a aquest centre.
6. Les dades del domicili al·legades a efectes de barem poden ser consultades per persones interessades que participen en aquest procés de preinscripció en el mateix centre, ensenyament i nivell.
7. Són gratuïts i universals els ensenyaments següents: el segon cicle de l'educació infantil, l'educació primària, l'educació secundària obligatòria, els programes de qualificació professional inicial i la formació professional de grau mitjà.
8. Quan es matriculi l'alumne/a cal especificar l'opció de matèria. Aquesta opció serà vàlida per a tota l'etapa, tot i que és possible canviar-la si es comunica al centre, per escrit, amb prou antelació a l'inici de curs.

A75-V02-16

2/2

Imprès de preinscripció de 1r de Batxillerat.

LES PROPIETATS DEL TEXT

L'adequació

Guió

1. Text i context: l'adequació
2. Els mecanismes d'adequació

1. Text i context: l'adequació

Ja hem vist que l'**adequació** és la propietat per la qual el **text s'adapta** a la situació o **context comunicatiu**. Podríem dir que l'adequació és com la manera que tenim de vestir-nos (ens vestim amb roba d'esport quan fem gimnàstica, ens mudem quan anem a una festa o ens posem roba d'abric quan fa fred). De la mateixa manera que cada situació social o ambiental requereix que ens posem unes peces de roba diferents, també cada situació comunicativa requereix que configurem el text de manera diferent.

L'adequació, doncs, té a veure amb els **elements no lingüístics** que envolten el text i que influeixen en la seva configuració. Diem que un text és adequat quan el relacionem, de manera apropiada, amb el seu context comunicatiu.

2. Els mecanismes d'adequació

Els principals elements que hem de tenir en compte a l'hora d'adequar un text al seu context són els següents:

Sabies que...?

La **subjectivitat** d'un text és directament proporcional a la quantitat d'elements lingüístics que manifesten les actituds, les valoracions, les opinions de l'emissor. Aquests elements lingüístics s'anomenen **elements modalitzadors**. Compara:

- Enunciat de contingut objectiu: *L'equip s'ha entrenat durant tota la setmana.*
- Enunciat d'alt contingut subjectiu: ***Afortunadament**, l'equip s'ha entrenat **molt bé** durant tota la setmana.*

a) La **situació espai-temps**: es refereix al lloc i al moment de la situació comunicativa en els quals s'ancora el text. Per exemple, si donem un avís per megafonia, farem servir formes que facin referència al lloc pròxim (*aquí*) i al present (*ara*); en canvi, si expliquem una rondalla, utilitzarem formes que facin referència a un lloc llunyà (*allà*) i al passat (*abans*).

b) Les **persones del discurs**: fa referència al rol dels interlocutors (emissor i receptor), al grau de confiança entre ells (tractament de *tu*, *vós* o *vostè*) i a les altres veus que de vegades apareixen dins el text i que poden prendre la paraula (discurs citat). També inclou el grau d'implicació de les creences i de valoracions de l'emissor: si el grau d'implicació és alt, el text és més *subjectiu* que si és baix, cas en què el text es mostra com més *objectiu*.

c) Les **informacions implícites**: comprèn tots aquells **elements no lingüístics** (imatges, gestos, tipografia diferenciada, etc.) que contribueixen a la producció i la interpretació del text. També inclou els **coneixements enciclopèdics**, és a dir, el conjunt de sabers culturals acumulats que ens permeten interpretar i, fins i tot, comprendre un text correctament i amb un esforç reduït.

d) La **variació lingüística**: dona compte de les variacions funcionals o registres de la llengua (culte o formal, estàndard, col·loquial, vulgar) i dels canvis de canal (oral, escrit, audiovisual), com també de les varietats geogràfiques (geolectes), les varietats socials (sociolectes) i les varietats temporals o generacionals (cronolectes), que ja hem estudiat al bloc anterior.

e) Els **gèneres textuals**: comprenen totes les formes convencionals de dir o d'escriure que socialment es consideren adequades en cada situació comunicativa (pensem, per exemple, que per demanar feina cal presentar un currículum i sovint una carta de presentació). Els gèneres són reconeguts segons el seu format extern i segons l'àmbit d'ús en què s'acostumen a produir (àmbit familiar, àmbit acadèmic, àmbit laboral, àmbit literari, àmbit de l'administració, etc.). Per exemple, una sol·licitud, una instància o una reclamació són textos propis de l'àmbit administratiu, que requereixen formats diferents.

L'exemple següent ens ajudarà a il·lustrar els fenòmens d'adequació:

El Punt Avui / 21 de juliol del 2015 2.00 h — **Economia. Ocupació**

Brigada jove

Arenys de Munt repeteix l'experiència de contractar 20 joves d'entre 16 i 18 anys, durant l'estiu, per fer tasques de manteniment de l'espai públic

Elena Ferran - Arenys de Munt

Buscar feina a l'estiu quan encara s'estudia és complicat. Encara ho és més quan es busca treballar per primer cop amb només 16 anys. La iniciativa de fer plans ocupacionals per als qui tot just comencen dins el món laboral funciona, i la prova n'és que a Arenys de Munt fins a 50 joves s'han espavilat per fer-se seva una de les 20 places per tenir feina aquest estiu. Aquesta població ha estat pionera al Maresme amb aquest programa Brigada Jove, que podria fàcilment ser assumit per altres municipis en els quals segur que els seus joves també ho tenen complicat per treballar.

Alguns dels joves fa uns dies repintaven el mur de l'escola bressol municipal, on hi havia grafits. És una de les feines més repetides pels qui han començat els treballs de manteniment a l'espai públic, conscients que bona part d'aquestes pintades estan fetes per altres joves. «Segur que no ho ha fet ningú de l'escola bressol, i no saben el que costa de treure», reflexionava un dels joves. L'Ainoha Hernàndez és una de les integrants que forma part de la Brigada Jove, i equipada amb la samarreta groga surt cada matí amb els seus companys a treballar. Reconeix que li costa llevar-se d'hora per ser puntual a les vuit del matí, però també confessa que només són quatre hores de feina. «És una gran oportunitat poder començar a treballar amb setze anys i fent quatre horetes», explica.

Abans de començar, com tot l'equip, ha rebut formació de riscos laborals per fer bon ús de les eines i fer la feina en condicions. Els joves cobren un sou de poc més de 500 euros per una jornada laboral de quatre hores diàries. Ella, que és d'Arenys de Munt, assegura que, si pot, l'any vinent repetirà l'experiència i que l'Ajuntament hauria de fer l'esforç de mantenir el programa ocupacional. «No s'hauria de treure perquè els joves ho tenim molt complicat per trobar feines sense experiència, i nosaltres és impossible que en tinguem.»

La voluntat del govern municipal és mantenir i donar continuïtat al programa de la Brigada Jove, però això també dependrà de poder continuar comptant amb els plans d'ocupació i de finançament.

El Punt Avui, 21 de juliol de 2015
(Text adaptat).

Vegem quins mecanismes d'adequació s'han utilitzat en el text que acabem de llegir.

Mecanismes d'adequació	
Situació espai-temps	• **Població**: Arenys de Munt (el Maresme). • **La data i l'hora de publicació**: 21 de juliol 2015, 2:00 • **Temps verbals**: ens situen al present, al passat recent i al futur pròxim.
Persones del discurs	• **Emissor**: Elena Ferran, periodista corresponsal i redactora de la notícia. • **Grau d'implicació de l'emissor**: baix (missatge objectiu). • **Receptor**: els lectors del diari en versió digital. • **Altres veus en forma de discurs citat**: la jove Ainoha Hernàndez pren la paraula a través de diverses citacions fetes per la periodista. Aquesta veu mostra un grau d'implicació més alt en el text i, per tant, el seu missatge és més subjectiu.
Informacions implícites	• **Elements no lingüístics**: la grandària de les lletres, l'ús de la negreta del títol i de l'entradeta (resum de la notícia), les lletres majúscules del nom de la periodista corresponsal. • **Coneixements enciclopèdics**: cal saber, per exemple, que *El Punt Avui* és un diari de Catalunya editat en català, que el nom que apareix al principi de la notícia és el de la periodista, que una *brigada* significa «colla de persones que fan un mateix treball», que un *grafit* és una inscripció o dibuix fet en una paret, una persiana, un monument..., que una *escola bressol* és el nom compost amb què sovint es designa un centre on es té cura d'infants d'edat preescolar, etc.
Variació lingüística	• **Registre**: estàndard (grau de formalitat mitjà). • **Canal**: escrit però amb la citació literal d'una altra veu oral. • **Varietat geogràfica**: varietat estàndard pròpia del català central.
Gènere textual	• **Àmbit**: periodístic (notícia). Es compon de títol, subtítol i cos de la notícia. La informació es dona per ordre de rellevància, primer la més important i després els detalls complementaris.

Organitza els teus coneixements

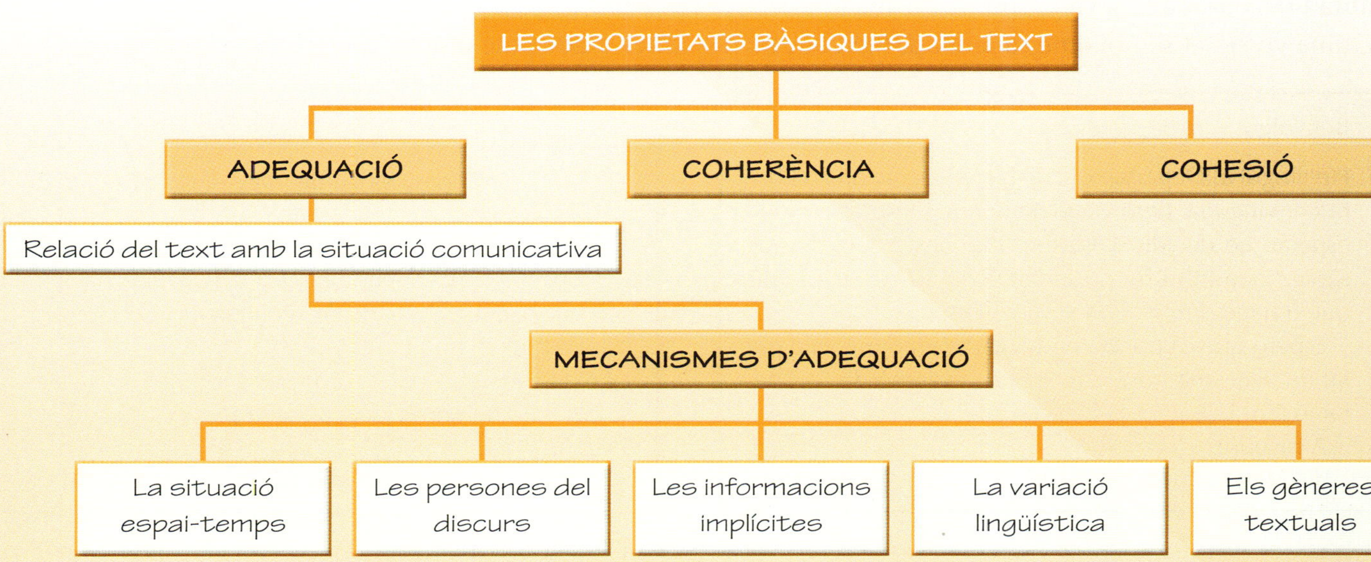

ACTIVITATS

Propietats del text

Text i context: l'adequació

2.1. Classifica les següents fórmules de salutació i comiat, utilitzades en els missatges escrits (cartes, notes, avisos, correus electrònics...), d'acord amb la situació comunicativa que s'indica en la taula de més avall.

–*Senyor, / Senyora, / Senyors,*
–*Hola!...*
–*Molts records.*
–*Atentament,*
–*Estimat/ada...*
–*Benvolgut/uda senyor/a*
–*A reveure.*
–*Molt cordialment,*
–*Un petó ben fort.*
–*Rebeu les meves salutacions més cordials,*
–*Distingit/ida senyor/a,*
–*Benvolgut/uda...*
–*Rep una abraçada ben forta.*
–*Aprofito l'avinentesa per saludar-vos cordialment,*

Fórmules de salutació	
Servei públic o privat	**Amic o parent**
–*Senyor, / Senyora, / Senyors,*	–*Hola!...*
Fórmules de comiat	
Servei públic o privat	**Amic o parent**

2.2. L'Albert Cuesta tenia una prova de recuperació de Llengua catalana, però no l'ha pogut fer perquè el professor de l'assignatura no era al seu departament a l'hora convinguda. L'Albert ha decidit escriure-li una **nota** i deixar-la a la seva bústia.
Quina versió et sembla més adequada? Digues quines **faltes d'adequació** detectes en la versió rebutjada.

Benvolgut senyor professor:

He vingut al Departament de Llengua catalana a l'hora convinguda, però vostè no hi era. Després de molt esperar, he decidit d'escriure-li aquesta nota perquè sàpiga que m'hi he presentat. Comprenc els motius que li hagin impedit de venir a temps.

Espero que es posarà en contacte amb mi aviat per tal de fixar una nova data per a l'examen de recuperació.

A reveure,

ALBERT CUESTA

Dimecres 16 de març, a les 11 del matí

Professor Pere Caselles,

He vingut al seu departament a l'hora que havíem acordat per fer la prova de recuperació de Llengua catalana, però no l'hi he trobat.

Em posaré en contacte amb vostè a la pròxima classe per fixar una nova data per a la prova.

Atentament,

ALBERT CUESTA (alumne de 4t C)

2.3. A quin **àmbit d'ús** (*laboral, legal i jurídic, familiar i d'amistats, administratiu, acadèmic* o *social*) diries que pertany cada grup dels diferents **gèneres textuals** que es relacionen en aquesta taula?

Àmbit ...	Àmbit ...	Àmbit ...
• Missatges electrònics • Felicitacions • Dedicatòries en regals • Converses telefòniques	• Exàmens escrits o orals • Apunts de classe • Esquemes i resums • Exposicions orals	• Entrevistes • Cartes de presentació • Currículums • Converses telefòniques
Àmbit ...	**Àmbit ...**	**Àmbit ...**
• Cartes a la premsa • Avisos • Anuncis • Debats radiofònics o televisius	• Decrets llei • Lleis • Sentències • Recursos	• Certificats • Instàncies • Denúncies • Contractes

Mecanismes d'adequació

2.4. Un avió no pot aterrar a l'aeroport de destinació a causa del mal temps i el comandant, en nom de la tripulació i la companyia aèria, emet per megafonia l'avís següent:

Atenció, senyores i senyors passatgers! Els parla el comandant Enric Peris.

Em sap greu haver d'informar-los que, a causa de la boira que cobreix l'aeroport del Prat, ens veurem obligats a dirigir-nos a l'aeroport de Girona, on esperem poder aterrar d'aquí a uns vint-i-cinc minuts.

La companyia aèria posarà un autocar a disposició dels passatgers que desitgin viatjar per carretera fins a Barcelona. Els qui desitgin continuar el viatge amb avió, podran volar fins a l'aeroport del Prat tan bon punt les condicions meteorològiques ens permetin aterrar-hi amb seguretat.

Els preguem que disculpin les molèsties, de les quals no és responsable la companyia aèria.

Moltes gràcies.

Un cop llegit l'avís anterior, completa aquest comentari sobre els mecanismes d'adequació amb els termes proposats.

Situació espai-temps
Prat, públic, vint-i-cinc, boira, aterrar El missatge es produeix en un espai ..., concretament a l'interior d'un avió quan és a punt d'... a l'aeroport del ..., cobert de ... L'aeroport més proper és el de Girona, a ... minuts de vol.

Persones del discurs
passatgers, comandant, Enric Peris, Barcelona, objectiva, implicació, silenci L'emissor del missatge és el … … Els receptors són tots els … del vol amb destinació a …, que escolten el missatge molt atents i en … Hi ha un grau d'… destacat de l'emissor i de la tripulació en el missatge (*em sap greu / ens veiem obligats / els preguem*), però hi predomina la informació … (*a causa de la boira que cobreix l'aeroport del Prat / la companyia aèria posarà un autocar a disposició dels passatgers*)
Variació lingüística
vostès, emissor, cortesia, estàndard, registre L'… s'adreça als receptors amb fórmules de … (*senyores i senyors*), amb el tracte formal de … (*els parla el comandant*) i amb un … neutre; empra la varietat … de la llengua (*avió /poder aterrar / condicions meteorològiques*).
Comunicació ideal de l'emissor
clara, breu, necessària L'emissor ha de donar la informació …, i no més; aquesta ha de ser rellevant per al tema de què parla i l'ha d'expressar de forma …, ordenada i …
Gènere textual
cos, agraïment, tancament, obertura Es tracta d'un avís que es compon d'… (crida de contacte amb els receptors); … (explicació del problema i proposta de solucions), i … (prec als receptors a fer-se'n càrrec i … final).

2.5. Pensa una situació comunicativa concreta en què calgui transmetre un avís per megafonia. Per exemple:

a) S'ha perdut un nen de cinc anys en un gran estadi esportiu.
b) El tren s'endarrerirà a causa d'un accident o d'una avaria.
c) Es perillós banyar-se a causa de la mala mar o de la presència de meduses.
d) S'ha de suspendre un partit a causa de la pluja o d'una avaria en el subministrament elèctric.

Redacta un text adequat a la situació comunicativa que hagis triat, amb el contingut exacte, i enregistra'l per sentir-lo a classe. Abans d'emetre'l, fes una breu introducció explicant el context comunicatiu de l'avís per valorar-ne l'adequació textual.

TÈCNIQUES I HABILITATS

La redacció, la revisió i la correcció de l'escrit

Guió

1. La redacció
2. La revisió
3. La correcció

Un cop hem fet la planificació d'un escrit, podem passar a la fase següent: **redactar** el text. Per redactar correctament cal realitzar un seguit d'operacions que veurem seguidament. I abans de donar l'escrit per acabat caldrà fer-ne una **revisió** i una **correcció**.

RECORDA

Abans de començar a redactar un text, cal fer-ne la **planificació**, seguint aquests passos:
1. Explorar la situació comunicativa.
2. Generar idees.
3. Organitzar les idees.

1. La redacció

La redacció d'un text és el procés en què l'escriptor converteix unes idees que ha generat i organitzat en un cos lingüístic ben estructurat, coherent i cohesionat, adequat a la situació comunicativa i correcte des dels punts de vista ortogràfic, gramatical i lèxic.

Les operacions bàsiques del procés de redacció	
1. La tria dels mots	Cercarem les paraules més precises i adequades per designar els objectes i els conceptes dels quals volem parlar.
2. La construcció de les frases	Tot seguit crearem diverses seqüències lineals **ordenades** de manera lògica i coherent.
3. La cohesió de les frases	Posarem en relleu les connexions entre les diverses unitats per mitjà de **connectors oracionals** i **connectors textuals**.
4. L'estructuració del text	Fragmentarem les seqüències en **paràgrafs**, apartats i capítols d'acord amb l'organització de les idees feta prèviament.

1.1. La tria dels mots

L'inventari lèxic de la llengua sovint ens ofereix un ventall ampli de possibilitats expressives, és a dir, una mateixa idea la podem expressar de diverses maneres. Per exemple:

cosa	fer	bonic
element, objecte, producte, estri, eina, instrument, utensili, artefacte, dispositiu, andròmina...	produir, crear, engendrar, elaborar, realitzar, fabricar, concebre, pondre, acomplir, cometre...	bell, elegant, preciós, esplèndid, exquisit, agraciat, polit, bufó, distingit, refinat...

Alguns consells per triar la paraula més adequada

• Tria la paraula més adequada en funció del **registre** que utilitzis. Pensa si fas servir un registre **col·loquial**, que sol utilitzar les paraules més planeres o populars, o un de **formal** que sol utilitzar paraules més precises i correctes. Si fas servir un registre **cientificotècnic** caldrà que utilitzis un vocabulari molt més específic. En funció d'aquests registres bàsics, hauràs de triar, per exemple, entre *atac de feridura*, *vessament cerebral* i *ictus apoplèctic*; entre *pispar*, *robar* i *furtar*; o entre *evident*, *manifest* i *palès*.

• Evita les paraules de sentit genèric quan puguis utilitzar una paraula de sentit més **concret** i **precís**. Per exemple, evita la paraula *ocell* si pots utilitzar *àguila*, *perdiu* o *canari*; la paraula *bosc* si pots utilitzar *fageda*, *roureda* o *alzinar*; o el verb *fer* si pots utilitzar *escriure*, *pintar* o *pondre*.

• Evita les construccions complexes quan puguis utilitzar una expressió més **concisa** i **directa**. Per exemple, evita la construcció *tenir coneixement* si pots dir *saber* o *conèixer*; evita la construcció *danys materials* si pots dir *destrosses*; evita la construcció *en un breu període de temps* si pots dir *aviat*.

• Utilitza recursos que et permetin evitar la **repetició innecessària** de paraules. Pots recórrer a un sinònim o a un hiperònim, a un pronom o fer una elisió.

• No abusis de les paraules que tinguin un **significat irrellevant** (per exemple: *tema, informació, problema*) i substitueix-les per mots més precisos. Per exemple, la segona frase és millor que la primera:

a) *El* ***tema*** */* ***problema*** *de l'atur juvenil inquieta tota la societat.*

b) *L'****augment*** *de l'atur juvenil inquieta tota la societat.*

1.2. La construcció de les frases

Les frases s'han de construir de la manera més intel·ligible possible. Per això convé que siguin preferentment breus i clares, que tinguin els elements ben ordenats i que no tinguin un excés d'incisos.

Alguns consells per redactar frases ben intel·ligibles

a) Escriu preferentment **frases curtes** (de menys de 30 paraules) perquè són més llegibles i més fàcils de comprendre que les llargues. Compara aquests dos fragments d'un text periodístic:

El pla d'energia neta de l'administració nord-americana preveu que els Estats Units redueixin un 32% les emissions de carboni de les centrals termoelèctriques respecte als nivells del 2005, un ambiciós pla que preveu objectius específics per a cadascun dels 50 estats, que podran escollir si ho fan impulsant les energies renovables, amb una millora de l'eficiència de llars i empreses, o amb un canvi de l'ús del carbó pel de gas natural com a font d'energia.

Fragment amb una sola frase, que resulta excessivament llarga (amb més de 70 paraules).

El pla d'energia neta de l'administració nord-americana preveu que els Estats Units redueixin un 32% les emissions de carboni de les centrals termoelèctriques respecte als nivells del 2005. L'ambiciós pla preveu objectius específics per a cadascun dels 50 estats. Aquests podran escollir si ho fan impulsant les energies renovables, amb una millora de l'eficiència de llars i empreses, o amb un canvi de l'ús del carbó pel de gas natural com a font d'energia.

Fragment dividit en tres frases més curtes i, per tant, més llegible i de més fàcil comprensió.

Camp eòlic a Bakersfield, Califòrnia.

b) **Ordena** els elements de la frase de la millor manera possible per facilitar-ne la lectura i la comprensió. L'**ordre habitual** dels elements de l'oració enunciativa és el següent:

Marc general de temps o de lloc + Subjecte + Verb + Complements bàsics + Complements circumstancials

De vegades, però, un canvi en l'ordre habitual ens permet focalitzar o convertir en tema un dels elements. Per exemple, compara aquestes construccions:

En els pròxims cinc anys, els investigadors de la Universitat de Stanford (Califòrnia, EUA) volen aconseguir un accelerador de partícules més compacte que càpiga dins una capsa de sabates.

(Frase amb els elements ordenats de manera neutra).

Un accelerador de partícules més compacte que càpiga dins una capsa de sabates, això és el que volen aconseguir els investigadors de la Universitat de Stanford (Califòrnia, EUA) en els pròxims cinc anys.

(Frase en què es destaca el complement basic del verb aconseguir *per mitjà d'una focalització i això es fa anteposant-lo).*

c) No carreguis les frases amb un excés d'**incisos**. Utilitza només els imprescindibles. Compara aquestes construccions:

Una de les qüestions evolutives que els paleontòlegs (els científics que estudien els fòssils) intenten resoldre des de fa anys és si els dinosaures, o com a mínim alguns d'ells, tenien la sang calenta -com tots els ocells i mamífers actuals-, si la tenien freda -com la immensa majoria de rèptils i altres animals- o bé si presentaven alguna situació intermèdia.

(Frase amb quatre incisos).

Una de les qüestions evolutives que els paleontòlegs intenten resoldre des de fa anys és si els dinosaures tenien la sang calenta, si la tenien freda o bé si presentaven alguna situació intermèdia.

(La mateixa frase sense els incisos).

d) Evita l'ús d'**expressions irrellevants** i les **repeticions** innecessàries. Compara aquestes dues frases:

Com tothom sap, una de les principals estratègies evolutives més exitoses de la majoria dels animals complexos, com els ocells i els mamífers, és mantenir la temperatura del seu cos constant, entre els 34 °C i els 40 °C, segons cada espècie.

(Frase amb expressions irrellevants i repeticions innecessàries).

Una de les estratègies evolutives més exitoses dels animals complexos, com els ocells i els mamífers, és mantenir la temperatura del cos constant, entre els 34 °C i els 40 °C.

(Frase en què s'han eliminat les expressions irrellevants i les repeticions innecessàries).

e) Utilitza preferentment les **construccions** més **simples**: és millor una oració afirmativa que una de negativa; una oració activa que una de passiva; una expressió verbal que una de nominal. Compara aquestes construccions:

- Diversos treballs científics **no descarten la possibilitat** que els dinosaures oviraptors i els tiranosaures fossin animals de sang calenta.
- L'evacuació de la zona **va ser organitzada** per la policia local.
- Els agents rurals s'encarreguen **de la vigilància** dels camps.

(Oració negativa, oració passiva i expressió nominal).

- Diversos treballs científics **apunten la possibilitat** que els dinosaures oviraptors i els tiranosaures fossin animals de sang calenta.
- La policia local **va organitzar** l'evacuació de la zona.
- Els agents rurals s'encarreguen **de vigilar** els camps.

(Oració afirmativa, oració activa i expressió verbal).

1.3. La cohesió del text: els connectors textuals.

La cohesió és la propietat que confereix unitat al text gràcies als **connectors textuals**, les **marques lèxiques** i els **lligams gramaticals**.

La connexió textual permet relacionar el sentit de dues oracions independents, de dos grups d'oracions o de dos paràgrafs del text. Els elements que posen de manifest la connexió textual pertanyen a la categoria dels **connectors textuals**.

A partir de la relacions semàntiques bàsiques que s'estableixen entre les oracions o els paràgrafs, els connectors textuals es classifiquen en quatre grups:

Cal que sàpigues com s'obren les vies aèries d'un adult inconscient. **En primer lloc**, agenolla't al costat del cap de la víctima. **En segon lloc**, posa-li una mà al front i inclina-li el cap enrere. **Finalment**, posa-li el tou dels dits de l'altra mà al mentó i aixeca'l. (**Relació d'addició**: suma d'informació)
El refrany diu: «On hi ha el gall, no canten gallines». **És a dir**, els subordinats no tenen res a dir davant les decisions del qui mana. (**Relació de disjunció**: informacions alternatives)
Ha estat aprovat el projecte de construcció de l'ambulatori. **Tanmateix**, encara no s'ha aprovat la partida pressupostària per construir-lo. (**Relació de contrast**: informacions divergents)
Els resultats de les enquestes no sempre ens mostren la societat real. **Així doncs**, no són totalment fiables. (**Relació de conseqüència**: informacions que són l'efecte d'una causa)

1.4. L'estructuració del text: els paràgrafs

Un paràgraf és un conjunt d'oracions que desenvolupa un **aspecte** particular del **tema global** de l'escrit; constitueix, doncs, una **unitat significativa**. A més a més, el paràgraf constitueix una **unitat visual**, ja que es distingeix gràficament: cada paràgraf comença amb majúscula i acaba amb un punt i a part. En definitiva, el paràgraf és una unitat intermèdia entre l'oració i el text.

L'extensió d'un paràgraf varia segons el gènere textual. Per exemple, una notícia de diari sol tenir paràgrafs més curts que no pas un article d'opinió o un editorial. Per regla general, el paràgraf ha d'estar format almenys per tres o quatre frases. Per una altra part, és important que pàgina i paràgrafs facin una bona impressió visual i facilitin la lectura i la comprensió; per això es recomana que cada pàgina tingui entre tres i sis paràgrafs. Fixa't en els exemples de la pàgina següent: només **l'exemple B** presenta un nombre adequat de paràgrafs, i l'extensió de cadascun dels paràgrafs és suficientment proporcionada.

Sabies que...?

Hi ha dos procediments per fer **visibles** els paràgrafs: l'un és deixar un queixal blanc d'uns tres espais allà on comença cada paràgraf (no cal fer-ho en el primer), i l'altre, deixar una ratlla en blanc o un interlineat més gran entre paràgraf i paràgraf.

El **símbol** de paràgraf és §.

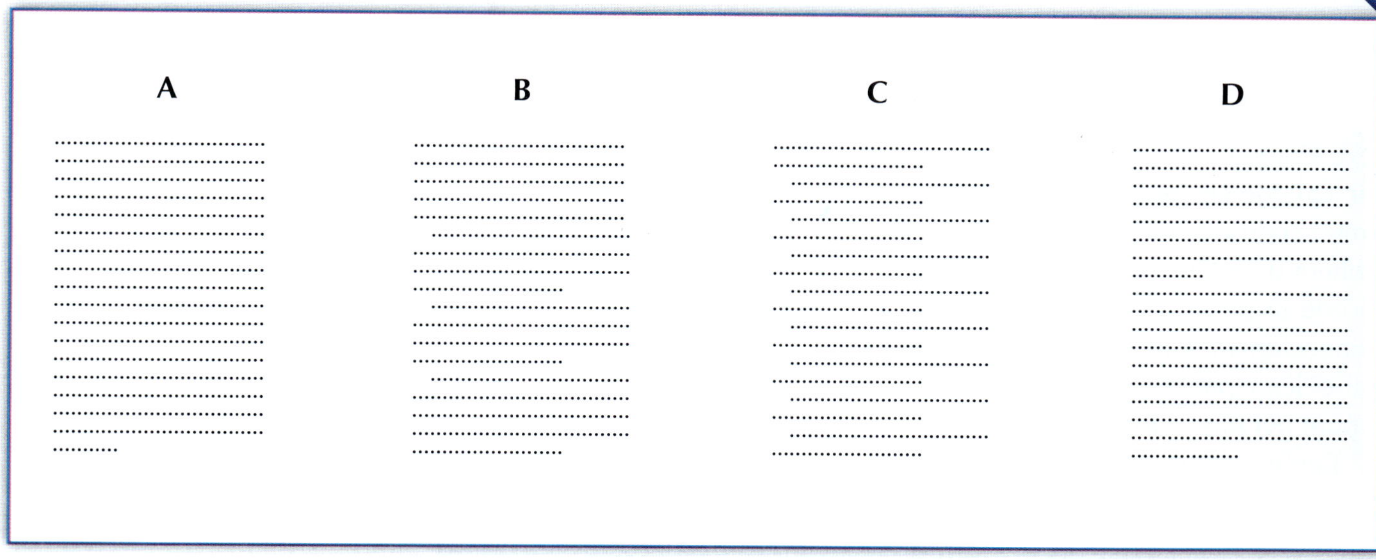

Estructuració del text en paràgrafs.
L'estructura del text B és preferible.

2. La revisió

La revisió és una operació molt important dins el procés de la composició de l'escrit. Cal entendre la revisió com una operació global de millora del text: revisar consisteix a **avaluar** el **contingut** i l'**estructura** del que hem escrit en un primer esborrany, és a dir, comparar si la primera redacció s'ajusta a allò que volíem dir de bon principi. Si no és així, caldrà modificar el text fins a aconseguir-ho.

A l'hora de revisar un escrit, ens podem formular les preguntes següents:

Preguntes per revisar l'escrit	
Enfocament	• ¿El tipus de text és l'adequat a la situació comunicativa? • ¿Hi queda prou clar el nostre propòsit? • ¿Reaccionarà el lector tal com esperem? • ¿Hi queden prou clares les circumstàncies que el motiven?
Informació	• ¿Hi ha la informació suficient o cal afegir-n'hi? • ¿Entenem tot el que s'hi diu, en rellegir-lo? • ¿Les idees són prou clares? ¿Les entendrà el lector?
Estructura	• ¿La informació l'hem organitzada prou bé perquè el lector pugui entendre el missatge fàcilment? • ¿Els paràgrafs hi estan ben distribuïts? Mostren l'organització del text?
Paràgrafs	• ¿Cada paràgraf tracta d'un subtema o aspecte diferent? • ¿A cada paràgraf hi ha la idea principal, és a dir, l'oració temàtica? • ¿Tenen l'extensió adequada? • ¿Estan ben marcats visualment a la pàgina?

3. La correcció

La correcció és l'operació que correspon a la **fase final** de la producció del text. Corregir consisteix a ajustar l'escrit a la **normativa** de la llengua; és a dir, cal que en verifiquem l'ortografia, la morfologia, la gramàtica i el lèxic amb la consulta de diccionaris i gramàtiques. Però dins la correcció, també hi hem d'incloure els **aspectes d'estil** que estan relacionats amb l'elaboració de la prosa; per exemple: retallar les frases massa llargues, afegir els connectors més adequats, triar adequadament els signes de puntuació, buscar el lèxic precís, etc. Un cop corregit el segon esborrany, l'escrit ja estarà a punt per passar-lo en net o fer-ne la còpia impresa definitiva.

També pot ser útil fer-se una sèrie de preguntes a l'hora de corregir un escrit:

Preguntes per corregir l'escrit	
Frases	**Gramàtica**
• ¿Hi ha frases massa llargues? • ¿Hi ha un excés de subordinades o incisos massa llargs? • ¿Hi ha massa frases negatives, passives o amb gerundi? • ¿La informació important és al principi?	• ¿La correlació dels temps verbals és l'adequada? • ¿Substituïm els fragments del context immediat pels pronoms correctes? • ¿Relacionem les frases amb els elements de connexió adequats?
Paraules	**Signes de puntuació**
• ¿Es poden eliminar paraules o expressions repetitives o bé de significat irrellevant? • ¿Fem servir el lèxic o la terminologia precisa? • ¿El lector entendrà totes les paraules que surten al text?	• ¿Els signes de puntuació estan ben posats? • ¿Hi ha oracions que es poden separar amb punts en lloc de comes? • ¿Hi ha parèntesis innecessaris?
Registre i estil	**Ortografia**
• ¿Hi ha alguna expressió massa informal o vulgar? • ¿Hi ha algun mot o expressió massa rebuscat o excessivament complex? • ¿El text desperta l'interès del lector?	• ¿Hem repassat l'ortografia de les vocals i de les consonants? • ¿Hem mirat que no hi falti cap accent o dièresi? • ¿Hem aplicat correctament les regles de l'apòstrof i el guionet?

Actualment, els correctors informàtics faciliten molt la feina; però, de moment, la intervenció final del corrector humà continua sent imprescindible.

ACTIVITATS

Tècniques i habilitats

La tria dels mots

2.1. En aquest fragment d'un text expositiu de divulgació periodística et donem diverses alternatives de vocabulari. Tria en cada cas la paraula que consideris més adequada en funció del tema, el destinatari, el tipus de text i el registre.

L'obscur origen dels gossos

Els (*homes / éssers humans*) ja tenien (*cans / gossos*) molt abans de (*munyir / popar*) vaques, (*péixer / pasturar*) cabres o (*criar / nodrir*) porcs; abans d'(*idear / inventar*) l'agricultura o el (*llenguatge / idioma*) escrit; abans d'(*assentar-se / establir-se*) permanentment en un (*paratge / lloc*) i, sens cap mena de (*dubte / incertesa*), abans de tenir (*mixos / gats*).

En el passat, la (*col·lectivitat / comunitat*) científica (*opinava / creia*) que un bon (*jorn / dia*) un caçador-recol·lector (*visionari / somiatruites*) va arreplegar un (*quisso / cadell*) de llop del seu (*cau / niu*) i va començar a (*criar / educar*) llops cada vegada més (*governables / dòcils*), de manera que va (*inaugurar / obrir*) un (*camí / drecera*) que ha acabat (*desguassant / desembocant*) en les corretges i els (*jous / collars*) antipuces.

Ara bé, avui dia (*l'opinió / el parer*) predominant és que aquest (*relat / conte*) dels (*orígens / principis*) dels (*gossos / amics de l'home*) no se (*sosté / suporta*). Els llops són difícils d'(*amansir / domesticar*), fins i tot quan són (*cadells / nodrissons*), i molts (*investigadors / indagadors*) consideren molt més (*passable / plausible*) que, en realitat, els (*forjadors / inventors*) dels gossos fossin els (*mateixos / propis*) gossos.

James Gorman: «L'obscur origen dels gossos», *Ara.cat*, 07/02/2016.

El llop, incert avantpassat del gos.

2.2. Per a un text de caràcter periodístic que pretén tenir molts lectors, de diferents llocs i de condició diversa, i que alhora vol ser precís, entenedor i correcte, quina opció lèxica consideres més adequada en cada cas?

a) Quan l'entrenador ha (*substituït / reemplaçat*) el davanter centre, aquest s'ha mostrat molt (*emprenyat / enfadat*) i ha (*llançat / fotut*) la samarreta (*als morros / a la cara*) de l'entrenador.

b) La (*presidenta / directora / cap*) de la (*taula / mesa*) del Parlament ha (*expedit / tramès / enviat*) una (*carta / missiva / notificació*) a tots els portaveus dels (*blocs / grups*) parlamentaris amb l'ordre (*de la jornada / del dia*).

c) L'Any Llull ha de servir per (*subratllar / destacar / emfatitzar*) la (*transcendència / magnitud / grandesa*) d'aquesta (*figura / celebritat / llegenda*), però també per (*enfortir / reforçar / envigorir*) la seva (*presència / coneixença*) al món. És sobre la (*tradició / rutina / costum*) que, en definitiva, podrem (*bastir / construir / edificar*) el futur.

La construcció de frases i la cohesió del text

2.3. En grups de dos o tres, indiqueu, en cada cas, quina és la construcció que us sembla més adequada per a un llenguatge enunciatiu i neutre.

a) • En literatura, és fonamental la possessió d'un caràcter. És el que dona la identitat a un escriptor, el caràcter.
• En literatura, la possessió d'un caràcter és fonamental. El caràcter és el que dona la identitat a un escriptor.

b) • Jo no sé si és un escriptor més o menys extraordinari, Dostoievski, però és un escriptor amb caràcter i ha quedat en la història de la literatura. Té un «senyal» propi, la seva obra.
• Jo no sé si Dostoievski és un escriptor més o menys extraordinari, però és un escriptor amb caràcter i, per això, ha quedat en la història de la literatura. La seva obra té un «senyal» propi.

c) • Jo crec que si es fan faltes d'ortografia és per una raó principal: la incapacitat de visualitzar una paraula. Si se la visualitza bé, la forma de la paraula es grava en el cervell i es conserva a la memòria. L'ortografia entra pels ulls. És un mecanisme molt més eficaç i ràpid que estudiar les grafies correctes en una gramàtica.
• Jo crec que si es fan faltes d'ortografia és per una raó principal: la incapacitat de visualitzar una paraula perquè, si se la visualitza bé, la forma de la paraula es grava en el cervell i es conserva a la memòria, ja que l'ortografia entra pels ulls perquè és un mecanisme molt més eficaç i ràpid que estudiar les grafies correctes en una gramàtica.

d) • Dels actors en depèn en gran part l'èxit. Una obra excel·lent és esguerrada pels mals actors, i una obra mediocre la poden fer triomfar els bons.
• L'èxit depèn en gran part dels actors. Els mals actors esguerren una obra excel·lent, i els bons poden fer que triomfi una obra mediocre.

e) • Només un geni és capaç de construir un text amb paraules de foc sense cremar-se.
• Només un geni extraordinari és capaç de construir un text meravellós amb paraules carregades de foc sense cremar-se.

f) • Quan jutgem allò que ens envolta, utilitzem més sovint una doctrina, allò que és tingut com a veritat, que es considera infal·lible, que una teoria, un coneixement especulatiu, és a dir, una valoració que pot canviar d'acord amb noves exploracions i descobriments.
• Quan jutgem allò que ens envolta, utilitzem més sovint una doctrina que no pas una teoria. Una doctrina és allò que és tingut com a veritat, que es considera infal·lible. Una teoria, en canvi, és un coneixement especulatiu, és a dir, una valoració que pot canviar d'acord amb noves exploracions i descobriments.

JOSEP M. ESPINÀS: *El meu ofici.*

La cohesió del text: els connectors textuals

2.4. Utilitza connectors d'**ordre** (com ara: *primerament, en primer lloc, per començar...*) per cohesionar les frases següents.

a) Per fer una truita, ... hem de batre dos ous en un plat amb un polsim de sal; ... posarem la paella al foc amb un rajolí d'oli; ... tirarem els ous batuts a la paella, i ..., a mesura que es vagi fregint, l'anirem cargolant per donar-li forma oblonga.

b) Per assolir un bon escalfament del cos, ... farem una carrera d'uns cinc minuts; ... realitzarem estiraments de braços i cames, i ... realitzarem estiraments de coll i rotació del tronc, els canells i els turmells.

2.5. Utilitza connectors de **disjunció** (*és a dir, per exemple*) o de **contrast** (*en canvi, ben al contrari*) per cohesionar aquests grups d'oracions.

a) No volem trencar amb ningú. ..., volem dialogar i entendre'ns amb tothom.

b) Alguns medicaments s'han de conservar a la nevera. És el cas, ..., de les insulines, les vacunes, determinats col·liris i alguns antibiòtics.

c) Els humans tenim la capacitat de crear paraules noves i de traduir-les a altres idiomes. Els ximpanzés, ..., només tenen la capacitat de comunicar-se entre ells mitjançant gestos, sorolls i crits.

d) Les vèrtebres del fòssil del dinosaure s'han trobat en connexió anatòmica, ..., disposades tal com es trobaven en l'animal en vida.

2.6. Utilitza connectors de **conseqüència** o **conclusió** (*així doncs, en definitiva, en conclusió*) per cohesionar aquests grups d'oracions.

a) Cada individu ha de construir necessàriament la seva pròpia vida, decidir en cada moment els seus actes i ajustar-los a uns valors morals. ..., cada persona ha d'exercir la seva llibertat.

b) Hi ha alguns medicaments que són addictius. ..., convé informar-se'n per evitar conseqüències perjudicials en el futur.

c) Hi ha algunes teories que defensen que la vida es va originar en els mars càlids de la prehistòria; n'hi ha d'altres que afirmen que prové de l'espai i que va arribar a la Terra en forma d'espores o similars. Però cap de les dues s'ha pogut confirmar científicament. ..., l'origen de la vida continua sent un dels grans misteris que encara té plantejats la ciència.

L'estructuració del text: els paràgrafs

2.7. Divideix el text següent en tres paràgrafs.

L'oïda

Jo crec que un bon escriptor ha de tenir una bona oïda. És una qualitat que s'exigeix als cantants i als músics, i pot sorprendre que jo la valori en un escriptor. Però no és veritat que, quan llegim una paraula, aquesta paraula no soni. I també, quan llegim una frase, la frase té un ritme i una música. En poesia som més conscients de la musicalitat d'un vers. «Vinya adormida, pedra i atzavara...», escriu Sagarra. Els versos han de tenir un cant. Un cant que, en aquest exemple, té tres veus: primer la *i*, després la *e*, finalment les tres *a* que allarguen la melodia. Un vers pot contenir una idea, però si és vers és per l'harmonia de les paraules: «*Nel mezzo del cammin di nostra vita...*», el vers de Dante ens fa sentir un fet tan important com el pas del temps sense aspres paraules-concepte. En la prosa, la música és més lliure i el ritme més variat que en la poesia, però l'un i l'altra convé que estiguin presents en l'escriptura i millor si aquesta presència respon a l'instint de l'escriptor.

JOSEP M. ESPINÀS: *El meu ofici* (text adaptat).

Activitat de síntesi

2.8. Realitza aquest test per valorar les teves capacitats en la producció del text escrit. Per a cada una de les qüestions, encercla l'afirmació que s'ajusta més a la teva manera de fer a l'hora d'escriure. Tingues en compte que el test està concebut per a l'escriptura funcional, expositiva i persuasiva (no pas per a l'escriptura personal i creativa). Al final del test, valora les teves aptituds amb la clau que s'adjunta.

1. Buscar i llegir models (textos semblants al text que vull escriure)

a) Abans de començar a redactar, sempre busco i llegeixo models.

b) Mai no busco ni llegeixo models.

c) De vegades busco i llegeixo models quan vull escriure un tipus de text que no conec gaire.

2. Pensar en els lectors

a) Només penso en els lectors abans de començar a redactar.

b) Penso més en les idees que vull comunicar que no pas en els lectors.

c) Penso en els lectors del meu text durant tot el procés de redacció.

3. Buscar idees

a) Apunto les idees tal com se m'acudeixen.

b) Apunto les idees primer amb les meves paraules, i després busco la millor manera d'explicar-les als lectors.

c) No apunto les idees: les redacto directament al full amb paraules que poden entendre els lectors.

4. Fer esquemes del text i modificar-los

a) Sovint faig diversos esquemes, i acostumo a modificar-los mentre redacto perquè se m'acudeixen idees noves.

b) Mai no faig esquemes.

c) Faig un esquema inicial, i de vegades el modifico quan redacto.

5. Fer esborranys del text

a) No faig esborranys: escric directament al full final, i corregeixo el text amb paper correctiu.

b) Faig un sol esborrany, i corregeixo el text abans de passar-lo en net.

c) Faig més d'un esborrany, i corregeixo el text diverses vegades.

6. Fer pauses

a) Sempre faig moltes pauses mentre escric, per llegir els fragments que ja he escrit.

b) Faig una o dues pauses a tot estirar, per llegir els fragments més importants.

c) No faig pauses. Rarament llegeixo el que ja he escrit abans d'acabar el text.

7. Revisar la forma i/o el contingut del text

a) En reviso sobretot la forma (ortografia, morfosintaxi, lèxic) en paraules i frases.

b) En reviso sobretot el contingut (idees, sentit global, estructura) en frases i fragments extensos.

c) En reviso tant la forma com el contingut.

8. Reescriure frases

a) Sovint reescric frases de maneres diferents: en canvio algunes paraules, el to, el punt de vista, etc.

b) Gairebé mai no reescric les frases; com a molt corregeixo alguna falta d'ortografia.

c) Algunes vegades reescric alguna frase per millorar el text.

9. Consultar manuals

a) Mai no consulto diccionaris, manuals de gramàtica o d'estil, i tampoc no utilitzo els correctors ortogràfics d'ordinador.

b) Consulto sovint diccionaris i manuals, i sempre verifico la correcció amb correctors ortogràfics d'ordinador.

c) Només utilitzo manuals o correctors ortogràfics en escrits difícils.

10. Escriure en circumstàncies diferents

a) Acostumo a seguir sempre els mateixos passos en el procés de composició: generar i organitzar les idees, redactar-les i revisar-les.

b) No sempre segueixo tots els passos, però sempre mantinc el mateix procés de composició.

c) Adapto la meva manera de compondre a les circumstàncies del moment.

Fonts: Josep Besa. *Anàlisi i producció de textos* i Daniel Cassany. *Construir l'escriptura*.

Resultats del test

	a	b	c
(1)	2	1	3
(2)	2	1	3
(3)	2	3	1
(4)	3	1	2
(5)	1	2	3
(6)	3	2	1
(7)	1	2	3
(8)	3	1	2
(9)	1	3	2
(10)	1	2	3

Valoració

30 punts **Redactor molt expert**

25 punts

20 punts

15 punts

10 punts **Redactor poc expert**

TEMPS VERBALS

Verbs de la 2a conjugació

Els verbs derivats de **batre** (*combatre, debatre...*) i de **rompre** (*corrompre, interrompre...*), com també els verbs acabats en **–cebre** (*decebre, percebre...*) i en **–metre** (*cometre, permetre...*), s'han de conjugar d'acord amb el model regular de la segona conjugació: **perdre**.

Indicatiu			
Present		Futur	
perdo	*combato*	**perdré**	*combatré*
perds	*combats*	**perdràs**	*combatràs*
perd	*combat*	**perdrà**	*combatrà*
perdem	*combatem*	**perdrem**	*combatrem*
perdeu	*combateu*	**perdreu**	*combatreu*
perden	*combaten*	**perdran**	*combatran*

Per tant, no són correctes formes com *permitim, debatiu, percebeixo o interrompeixen*.

Els verbs derivats de **cloure** (*concloure, excloure, incloure...*), de **córrer** (*concórrer, recórrer, transcórrer*) i de **fondre** (*confondre, difondre, infondre...*) són verbs irregulars que pertanyen a la segona conjugació.

Indicatiu					
Present	Futur	Present	Futur	Present	Futur
incloc	*inclouré*	*recorro*	*recorreré*	*confonc*	*confondré*
inclous	*inclouràs*	*recorres*	*recorreràs*	*confons*	*confondràs*
inclou	*inclourà*	*recorre*	*recorrerà*	*confon*	*confondrà*
incloem	*inclourem*	*recorrem*	*recorrerem*	*confonem*	*confondrem*
incloeu	*incloureu*	*recorreu*	*recorrereu*	*confoneu*	*confondreu*
inclouen	*inclouran*	*recorren*	*recorreran*	*confonen*	*confondran*

Així doncs, no són admeses formes com *incloeixen, recorreix, confondeixes o difondirà*.

ACTIVITATS

2.1. Conjuga en veu alta les formes del **present** i del **futur** dels verbs *debatre, interrompre, percebre* i *permetre*.

Jo debato, tu debats, ell ...
Jo debatré, tu ...

2.2. Substitueix les paraules subratllades per la forma verbal sinònima de la llista següent: *interrompre, admetre, malmetre, retransmetre, debatre, permetre, cometre, comprometre's*.
Per exemple: *Ens han promès que no faran cap falta més.* → *Ens han promès que no* ***cometran*** *cap falta més*

a) No consentim que talleu l'explicació de la professora.
b) El partit es difondrà en directe per TV3.
c) No t'adones que fas malbé la teva salut?
d) No us consentirà cap ajornament.
e) No discutiré mai més amb ell sobre política.
f) Ens obligaríem a fer-ho demà mateix.
g) Va dir que no faria cap indiscreció.

2.3. Completa les frases següents amb la forma correcta dels verbs *concebre, decebre* i *percebre*.

a) Ves a veure aquesta pel·lícula; no et ...
b) Creuen que al cap d'un any ... grans beneficis per les seves inversions.
c) –Escolta, tu no ... alguna cosa estranya en l'ambient?
–No, jo no ... res d'estrany.
d) Nosaltres no ... aquest projecte sense tu. Tu no ho ... així?

2.4. Conjuga en veu alta totes les formes del **present** i del **futur** dels verbs *concloure, concórrer i difondre*.

2.5. Passa al **plural** les frases següents:

a) Jo no **excloc** cap possibilitat.
--> *Nosaltres ...*
b) Tu em **confons** amb la meva germana.
--> *Vosaltres ...*
c) La manifestació **transcorre** sense incidents.
--> *Les ...*
d) Jo **refondré** enterament el meu treball.
--> *Nosaltres ...*
e) Tu **descorreràs** el teló.
--> *Vosaltres ...*
f) El funcionari el **reclourà** a la seva cel·la.
--> *Els ...*

2.6. Substitueix les paraules subratllades per la forma verbal sinònima d'aquesta llista de verbs: *ocórrer, difondre, concloure, excloure, infondre, concórrer.*

a) Aquestes notícies es divulguen ràpidament.
b) Tranquil, ens vindran al pensament algunes idees!
c) L'entrenadora descarta tres jugadores de l'equip.
d) El jurat determinarà si l'acusat és culpable o innocent.
e) Vuit candidats es presenten a les eleccions primàries.
f) Determinades notícies produeixen un efecte de por a la gent.

LES PROPIETATS DEL TEXT

La coherència

Guió

1. El text, unitat de sentit i d'estructura
2. Regles de coherència
3. Estructures bàsiques
4. El paràgraf

1. El text, unitat de sentit i d'estructura

Ja hem vist que la coherència és una de les propietats que ha de tenir qualsevol text per comunicar un missatge de manera entenedora, clara i precisa. Per aconseguir que un text sigui coherent, cal dotar-lo d'**unitat de sentit** i d'una **estructura ben definida**. Per això, hem de tractar **la informació** tenint en compte els aspectes següents:

Aspectes bàsics de la coherència textual	
El tema de la informació	El text ha de desenvolupar un **tema** amb el qual ha d'estar relacionada tota la informació. El tema és allò de què tracta el text, el contingut bàsic que li dona **unitat de sentit.** El tema es pot fer explícit amb paraules o frases temàtiques i generalment es pot inferir del títol.
La quantitat de la informació	La informació ha de ser **només la necessària**; per tant, cal evitar tant l'excés com la manca d'informació. El text ha d'aportar la **quantitat justa** d'informació a fi que el receptor pugui comprendre'l sense dificultat tenint en compte els seus coneixements previs.
La qualitat de la informació	S'ha de seleccionar **informació rellevant** per al tema i s'ha d'expressar de manera **clara**, **completa** i **precisa**. La funció comunicativa del text només s'acompleix plenament quan el receptor l'ha entès amb el mínim esforç.
L'estructura de la informació	La informació s'ha d'**organitzar** seguint una **estructura** determinada en funció del **tipus de text** (descriptiu, narratiu, instructiu, argumentatiu, etc.) i del **gènere textual** (una guia, una notícia, una recepta, una article d'opinió, etc.).

En definitiva, la coherència és la propietat que s'encarrega de **seleccionar**, **expressar** i **organitzar** la informació del text de manera que sigui plenament entenedora per al receptor a partir dels seus coneixements previs.

Un exemple ens ajudarà a il·lustrar els aspectes bàsics de la coherència textual.

Per fer disminuir la febre

Encara que la febre sol ser causa d'alarma, no es pot considerar com una cosa greu llevat que la temperatura s'elevi de forma molt important. En aquest cas, convé fer disminuir la febre per evitar complicacions. Un dels remeis casolans més efectius són els banys amb aigua tèbia o temperada.

Per fer aquests banys, heu de posar l'aigua de la banyera a la temperatura mitjana del cos humà, entre els 34-35 °C; cal que ho comproveu amb un termòmetre. Si és més alta, rebaixeu-la amb aigua més freda. Tot seguit, fiqueu el cos a l'aigua i mantingueu-l'hi submergit durant uns quinze minuts, el temps prudent perquè es noti l'efecte. El que no s'ha de fer mai és prendre el bany amb aigua ben freda.

Ara bé, si teniu febre de més de 38 °C durant més de dos dies seguits, si teniu tos i mal de coll, si us surten taques a la pell o no podeu doblegar el cap endavant, haureu d'anar sens falta a un centre de salut.

Els remeis de l'àvia.
Recull de remeis casolans.

El text anterior és plenament coherent:

a) Té un tema clar, relacionat amb el títol del llibre i el de l'apartat, i que podem formular com a «remei casolà per fer disminuir la febre».

b) La informació ha estat seleccionada de manera que només s'aporta informació rellevant al tema i al tipus de text, que és expositiu de modalitat instructiva.

c) La informació s'expressa de manera clara, completa i precisa perquè els lectors la puguin entendre fàcilment i puguin aplicar bé el remei casolà que recomana.

d) La informació s'organitza d'acord amb el gènere textual dels consells (trucs i remeis casolans, primers auxilis, manuals de supervivència...): primer es presenta el tema (el remei concret i quan s'ha d'aplicar); en segon lloc, es detallen les instruccions per aplicar-lo correctament, i finalment, quins són els casos extrems en què s'ha de recórrer a un ajut extern o al servei d'un especialista.

2. Regles de coherència

Perquè un text sigui comprès plenament, ha de complir unes regles de coherència. Aquestes regles fan referència a la manera com hem d'anar processant la informació al llarg del text.

Regles de coherència	
Regla de relació	Tots els enunciats del text han de tenir una **relació amb el tema** central, de manera que no ens podem desviar del tema. Per tant, és incoherent introduir informacions que tinguin molt poc o res a veure amb el propòsit del text.
Regla de progressió	L'elaboració d'un text és un procés en què anem relacionant **informació coneguda** o presentada prèviament (el receptor, doncs, ja la coneix) amb **informació nova** (el receptor la coneixerà en el moment de ser enunciada). L'equilibri entre els dos tipus d'informació fa que el text progressi de manera coherent.
Regla de no-contradicció	Cap enunciat **no pot contradir** el contingut expressat en **enunciats anteriors**. Per tant, la informació ha de tenir una **correspondència lògica**. Per exemple, no podem defensar una opinió i després expressar o donar a entendre l'opinió contrària en el mateix text.

El text titulat «Per fer disminuir la febre» compleix plenament les tres regles de coherència:

a) Tots els enunciats tenen una estreta relació amb el tema de què tracta («remei casolà per fer disminuir la febre»). Per això, les oracions s'encadenen prenent com a suport la repetició de paraules clau: *febre, bany, aigua, temperatura*. Així doncs, no hi ha cap informació sobrera; tota la informació és rellevant i respon plenament al propòsit del text.

b) El text combina la informació coneguda i la informació nova de manera equilibrada:

«*Encara que la febre sol ser causa d'alarma, no es pot considerar com una cosa greu llevat que la temperatura s'elevi de forma molt important. En aquest cas, convé fer disminuir la febre per evitar complicacions. Un dels remeis casolans* més *efectius* són els *banys amb aigua tèbia o temperada*».

Així, doncs, el text progressa gràcies a l'aportació constant i equilibrada d'informació nova.

c) El paràgraf final no contradiu les afirmacions fetes en els paràgrafs precedents, sinó que dona a entendre que els banys d'aigua tèbia no són un remei adequat quan la febre és persistent i molt elevada. En aquest cas, el malalt necessita tractament mèdic.

3. Estructures bàsiques

Quan parlem d'estructura d'un text ens referim tant a la manera **com s'ordena la informació** com a la forma **com es presenta** aquesta informació. Per exemple, en el cas del text anterior observem l'estructura següent:

a) La informació s'**ordena de manera lògica**: primer es parla de la conveniència de fer disminuir la febre elevada; en segon lloc, d'un remei casolà per fer-ho (els banys d'aigua tèbia); en tercer lloc, de les accions que s'han de dur a terme perquè tingui efecte aquest remei, i finalment, dels casos en què aquest remei no és suficient, i per tant, s'ha d'acudir a un centre de salut.

b) El text presenta l'**estructura bàsica dels textos instructius**:

- **Introducció:** presentació del problema, objectiu a aconseguir i solució.
- **Procediment:** conjunt d'accions que s'han de portar a terme per aconseguir l'objectiu.
- **Advertiment:** casos en què el problema requereix un tractament mèdic.

A continuació tenim l'estructura bàsica dels principals models textuals segons el **tipus de text**.

Estructures prototípiques	
Estructura bàsica del text **narratiu**: -Plantejament (situació inicial) -Nus (evolució de la història) -Desenllaç (resolució final)	Estructura bàsica d'un text **explicatiu**: -Introducció (plantejament del tema) -Desenvolupament (fets, causes, exemples) -Conclusió (resultats, conseqüències)
Estructura bàsica del text **descriptiu**: -Tema (personatge, objecte, paisatge...) -Caracterització (detall de propietats) -Situació (relació amb l'entorn)	Estructura bàsica del text **argumentatiu**: -Tesi (opinió que es vol defensar) -Argumentació (premisses, dades, arguments) -Conclusió (reafirmació de la tesi)

4. El paràgraf

El paràgraf és una **unitat** pròpia del **text escrit** i està format per un nombre variable d'oracions relacionades que **desenvolupen un aspecte del tema** del text. Un sol paràgraf pot constituir un text, però el més habitual és que un text estigui format per un grup de paràgrafs.

El paràgraf té una gran importància perquè és una unitat bàsica per organitzar els escrits en una **estructura** comunicativa, és a dir, per donar-los **coherència**. Prenem com a exemple el text que hem analitzat. Observa com cada paràgraf acompleix una funció dins el text.

Estructura bàsica del text instructiu

– **Introducció**: presentació del problema, l'objectiu a aconseguir i la solució.

– **Procediment**: accions que s'han de fer per aconseguir l'objectiu.

– **Advertiments**: quan el problema requereix una altra solució.

Per fer disminuir la febre

Encara que la febre sol ser causa d'alarma, no es pot considerar com una cosa greu llevat que la temperatura s'elevi de forma molt important. En aquest cas, convé fer disminuir la febre per evitar complicacions. Un dels remeis casolans més efectius són els banys amb aigua tèbia o temperada.

Per fer aquests banys, heu de posar l'aigua de la banyera a la temperatura mitjana del cos humà, entre els 34-35°C; cal que ho comproveu amb un termòmetre. Si és més alta, rebaixeu-la amb aigua més freda. Tot seguit, fiqueu el cos a l'aigua i mantingueu-l'hi submergit durant uns quinze minuts, el temps prudent perquè es noti l'efecte. El que no s'ha de fer mai és prendre el bany amb aigua ben freda.

Ara bé, si teniu febre de més de 38°C durant més de dos dies seguits, si teniu tos i mal de coll, si us surten taques a la pell o no podeu doblegar el cap endavant, haureu d'anar sens falta a un centre de salut.

Veiem que el paràgraf ajuda a estructurar el text a qui l'escriu i sobretot facilita la comprensió a qui el llegeix, ja que un text organitzat en paràgrafs predisposa més a la lectura. A més, ajuda el lector a seguir el **fil conductor** del text i li indica si l'escrit avança cap a un nou aspecte del tema.

Organitza els teus coneixements

LES PROPIETATS BÀSIQUES DEL TEXT

ADEQUACIÓ — COHERÈNCIA — COHESIÓ

COHERÈNCIA: Relació amb la selecció, el tractament i l'estructura de la informació del text

SELECCIÓ
- **Unitat de sentit:** s'ha de seleccionar només la informació relacionada amb el tema.
- **Quantitat justa:** s'ha de seleccionar només la informació necessària i adequada als coneixements del receptor.
- **Qualitat òptima:** s'ha de seleccionar informació rellevant i s'ha d'expressar de manera clara, completa i precisa.

TRACTAMENT
- **Regles de coherència**
- **Regla de relació:** tota la informació s'ha de relacionar entre si i també amb el tema.
- **Regla de progressió:** el text ha d'aportar constantment informació nova a partir de la ja coneguda.
- **Regla de la no-contradicció:** no es pot introduir cap informació que en contradigui una altra que ja ha aparegut

ESTRUCTURA
- **Ordenació lògica:** la informació nova ha de ser una conseqüència lògica de la informació prèvia.
- **Organització estructural:** la informació s'ha d'estructurar en funció d'uns patrons formals (tipus de text i gènere textual)
- **El paràgraf:** cal organitzar els textos escrits d'acord amb aquesta unitat bàsica formada per un grup d'oracions relacionades.

ACTIVITATS

Propietats del text

El text, unitat de sentit i d'estructura

3.1. Llegeix els dos textos següents i escriu un **títol temàtic** que reflecteixi de què tracta cadascun.

...

Si us heu tacat la camisa o el vestit amb tinta de bolígraf, proveu de ruixar la taca amb laca pels cabells i, després, fregueu-la amb un drap sec. Abans que s'hagi assecat, renteu la peça de roba com de costum.

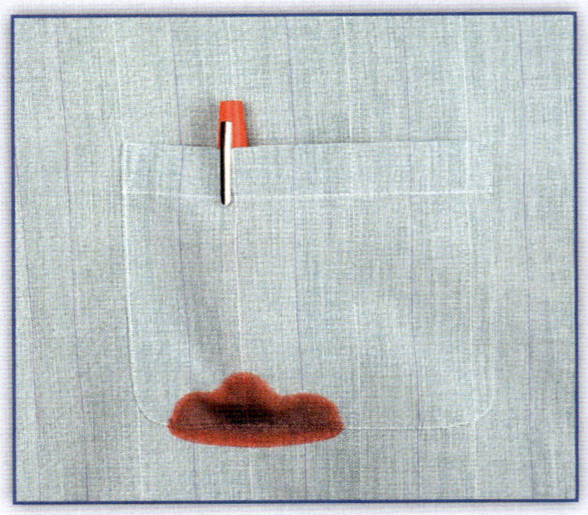

...

A EIXAMS. S'escampa la llavor a grapats de la manera més uniforme possible; en acabat, es colga amb l'ajuda del rasclet.

A PALÓ. Amb un paló, es fa un clotet a terra i s'hi diposita la llavor; tot seguit es tapa i es compacta la terra.

A SOLC. Després d'obrir un solc, s'hi posen les llavors; després es tapa i es compacta la terra.

3.2. A cada paràgraf del text següent hi ha informació complementària que es pot suprimir. Llegeix-lo, selecciona la **informació essencial** per al desenvolupament del tema i elimina la **informació accessòria**, de la qual es pot prescindir.

Les goges, fades d'aigua

Els gorgs, els estanys i els llacs de muntanya són llocs d'aigua sovint envoltats de misteri. Un gorg és un clot pregon en el llit d'un corrent d'aigua, on aquesta s'entolla o alenteix el curs. Del remolí format en una massa d'aigua, també se'n diu gorga. La tradició popular assenyala que en aquests indrets hi viuen goges, unes fades o dones d'aigua especials que tenen la capacitat d'embruixar el vianant gràcies a la seva bellesa.

Les goges habiten en palaus plens de riquesa situats sota les aigües o en coves molt profundes. De nit surten a ballar o renten roba a la vora de l'estany i l'estenen a la llum de la Lluna. Aquell qui pot agafar una peça de la seva roba té assegurada la prosperitat. La Lluna ocupa un paper central en la mitologia i moltes cultures tenen una deessa de la Lluna, en oposició al Sol, masculí.

Una goja molt famosa va ser Flordeneu, la protagonista del poema *Canigó* de Jacint Verdaguer, que embruixa el cavaller Gentil, fill del comte Tallaferro i armat cavaller a l'Església de Sant Matí de Canigó, i origina tot el drama de l'obra.

3.3. El text següent es pot fer més entenedor incorporant-hi més informació relacionada amb el tema. Llegeix-lo i, en acabat, incorpora-hi les **informacions complementàries** al lloc adequat per tal d'aconseguir-ho.

Per què somiem quan dormim

El cervell [1] funciona tant de dia com de nit. La nostra vida psíquica no es limita a les experiències conscients [2]. Al cervell hi ha una zona, «l'inconscient», l'activitat de la qual ens passa desapercebuda [3]. Ara bé, mentre dormim, l'activitat conscient s'interromp, però la inconscient se'ns manifesta en forma de somnis. [4] Tot i que quan ens despertem sovint no aconseguim recordar-los, tots tenim somnis mentre dormim.

Informacions complementàries

a) , que és l'òrgan de la vida psíquica,

b) La freqüència i la intensitat dels somnis són regulades pel cervell, i tenen una funció molt important en l'equilibri psíquic.

c) , és a dir, a les percepcions, les operacions intel·lectuals i les emocions de les quals ens adonem.

d) quan estem desperts.

Regles de coherència

3.4. A continuació hi ha els segments desordenats d'un text titulat «Per què els actors no van mai de groc a l'escenari». **Ordena els segments** per tal que la informació progressi de manera lògica.

Per què els actors no van mai de groc dalt de l'escenari

a) Hi ha la «superstició» que el color groc podria ocasionar algun problema a qui en dugués alguna peça de roba o algun arreu personal, i per això s'evita.

b) Molière representava, vestit de groc, l'obra *El malalt imaginari* quan va tenir un atac de tos i una hemorràgia als pulmons, de la qual va morir la mateixa nit.

c) Us heu fixat mai que un actor o una actriu no sol anar vestit de groc el dia de l'estrena d'una obra de teatre?

d) Sembla que l'origen d'aquesta creença és la mort de Molière, nom amb què és conegut Jean-Baptiste Poquelin, gran dramaturg i actor francès, que va viure entre 1622 i 1673.

3.5. Cadascun d'aquests textos no segueix una de les **regles de coherència**. Cerca-hi els fragments contraris a la *regla de relació*, a la *regla de progressió* i a la *regla de no-contradicció*. Copia els textos i subratlla els fragments esmentats.

Fer un ou ferrat

Poseu força oli en una paella petita i fonda, i escalfeu-lo a foc ben viu. Quan comenci a fumejar, trenqueu la closca de l'ou i afegiu-lo a la paella. A continuació, saleu-lo lleugerament. El rovell constitueix un 33% del pes de l'interior de l'ou; conté aproximadament unes 60 calories, que són tres vegades l'energia alimentària de la clara. Amb una cullera, agafeu oli bullent i aneu vessant-lo damunt de l'ou fins que la clara quedi ben cuita, però procurant que el rovell es mantingui sucós i líquid. Tot seguit, retireu-lo del foc i serviu-lo ben calent.

Assassines silencioses

Són molt perilloses i arriben a ser mortals, però no ho semblen. Almenys 51 plantes que creixen i floreixen en abundància a tota la zona del Pirineu oriental són altament verinoses. Rusell, que aprofita els caps de setmana que no té guàrdies judicials per rastrejar el territori a la recerca de les plantes verinoses, ha localitzat 51 plantes altament tòxiques.

The Martian

Un dels punts interessants de la pel·lícula és la pràctica absència de psicologia del personatge protagonista. Es tracta d'un film d'acció en què el que més importa és la relació –a través de la tecnologia- d'un home amb el medi desconegut i hostil del planeta Mart. Amb una videocàmera enregistra les seves impressions i mostra els seus sentiments. Aquest és el punt de vista més íntim, el més proper a la seva cara i al seu pensament, i on el personatge mostra el seu peculiar sentit de l'humor.

Estructures bàsiques

3.6. Determina a quin **tipus de text** (narratiu, descriptiu, instructiu, argumentatiu, explicatiu, predictiu) correspon cadascun d'aquests textos. En acabat, indica les parts de què consta la seva **estructura bàsica**.

1

ANIMALS I PLANTES DEL NOSTRE ENTORN

La marieta

La marieta, també anomenada gallineta, és un petit coleòpter de la família dels coccinèl·lids. És un escarabat menut de colors lluents molt atractius amb fons vermell, carabassa o groc i un nombre variable de puntets negres. Té el cos pla per sota i bombat per sobre. Fa uns 5-8 mm de llargada i té sis potes i dues antenes curtes.

Les marietes han estat utilitzades en la lluita biològica contra plagues. Se'n troben arreu del món i actualment se'n coneixen unes 4.500 espècies; n'hi ha que són cosmopolites pel fet que han estat transportades per combatre poblacions de determinats insectes que ataquen els conreus, ja que aquests coleòpters s'alimenten de petits insectes, pugons i pasteretes que viuen a les plantes.

• El **text 1** és .... L'estructura bàsica dels textos ... consta de tres parts: a) ... (títol); b) ... (paràgraf 1); c) ... (paràgraf 2).

2

CARTES AL DIRECTOR

Companys nouvinguts

Vull comentar una carta publicada el més de febrer en aquest diari sobre el tema dels nouvinguts al nostre país i el respecte que es mereixen. Estic d'acord que cal respectar-los, però posaré dues situacions que he viscut personalment.

Un bon dia, a l'escola on anava abans d'arribar a l'institut, va venir una noia marroquina. Era molt simpàtica i agradable, i va ser ben rebuda sense cap problema. Al cap d'un any, però, s'hi va matricular el seu germà, més gran que ella. Aquest noi sempre estava en totes les baralles, ens robava coses i ens amenaçava, fins que el van expulsar. Són dos casos completament diferents.

Així doncs, hi ha bones persones i males persones, tant és que siguin immigrants com que siguin del país. El que hem de fer tots, els un i els altres, és respectar-nos mútuament.

Míriam Benítez (Rubí).

• El **text 2** és .... L'estructura bàsica dels textos ... consta de tres parts: a) Motiu, tema i ... (paràgraf 1); b) ... (paràgraf 2); c) ... (paràgraf 3).

El paràgraf

3.7. Llegeix aquest text de tipus explicatiu i **estructura**'l en **quatre paràgrafs** d'acord amb l'estructura següent:

1. *Introducció del tema:* Presentació del fenomen estrany que cal explicar.
2. *Desenvolupament 1:* Explicació del fenomen amb causes específiques.
3. *Desenvolupament 2:* Explicació del fenomen amb causes més generals.
4. *Conclusió:* Resum de l'explicació.

Ocells i dents

Una de les característiques més destacades en l'evolució dels ocells és el bec. Després de tot, les aus deriven de determinats grups de dinosaures, i els dinosaures tenien dents. Podria semblar estrany que l'evolució es permeti el luxe de perdre estructures que va trigar milions d'anys d'aconseguir. El motiu de prescindir de les dents i de l'estructura mandibular sembla que està relacionat amb el vol. Per poder volar, cal aconseguir ser el màxim de lleuger possible. I en això, el cap hi juga un paper important, ja que està a l'extrem del cos i, per tant, pot desequilibrar l'organisme amb molta facilitat. A més a més, un bec sense dents és molt més lleuger que no pas una mandíbula amb el corresponent grapat de peces dentals mineralitzades. Així doncs, per uns animals que estaven començant a aprofitar les plomes per volar, perdre les dents i guanyar un bec era un bon negoci. Això de les dents que apareixen i desapareixen a mesura que passen els milions d'anys és un bon recordatori que l'evolució consisteix simplement a anar modificant les estructures de l'organisme en funció dels interessos del moment. No hi ha cap tendència general ni cap objectiu a assolir. Concloent, igual que els pingüins han perdut la capacitat de volar per poder adaptar-se a l'ambient polar on viuen, els ocells primitius van deixar les dents pel camí a canvi de la capacitat de conquerir el cel.

http://ciencia.ara.cat/centpeus/2015/05/07/ocells-i-dents/

TÈCNIQUES I HABILITATS

L'exposició oral

Guió
1. La preparació
2. La presentació

Sovint ens veiem en la necessitat d'haver de fer una exposició oral davant un grup de persones: els companys i companyes de classe, els assistents a una reunió, els membres d'un tribunal, etc., amb l'objectiu de desenvolupar un tema, argumentar una opinió, defensar un treball, informar d'un fet, etc. L'exposició oral és un acte comunicatiu que es produeix en una **situació** més o menys **formal**. Per això, quan hem de fer una exposició oral, hem de preparar-la molt bé perquè es faci **interessant** i **amena** al públic, perquè la informació sigui **ordenada**, **coherent** i **clara** i perquè els arguments i les conclusions siguin **convincents**.

1. La preparació

Per preparar una exposició oral de manera eficaç, cal seguir tres fases: en primer lloc, **analitzar** la situació comunicativa; en segon lloc, recollir i **seleccionar** la informació, i en tercer lloc, **elaborar** el guió.

1.1. L'anàlisi de la situació comunicativa

Per decidir les característiques que haurà de tenir una exposició, és fonamental analitzar les condicions en què es desenvoluparà la nostra intervenció, ja que la situació comunicativa determina la forma com s'ha de transmetre el missatge.

Anàlisi de la situació	
Factors que cal conèixer	**Preguntes que cal fer-se**
L'**espai** on es farà l'exposició	• Com és la sala o l'aula? • Com estarà col·locat el públic? • Quins mitjans audiovisuals s'hi poden utilitzar?
La **durada** de la intervenció	• Quant de temps ha de durar l'exposició? • S'ha de compartir l'exposició amb altres persones? • Hi ha un temps previst per fer un col·loqui posterior?
Els **destinataris** del missatge	• Quants oients hi haurà? • Què tenen en comú? • Què saben del tema? • Què esperen de la nostra intervenció? • Amb quins recursos, anècdotes o exemples podem desvetllar el seu interès?
El **propòsit** comunicatiu que es persegueix	• Per què fem l'exposició? • Què pretenem aconseguir? • Què ens proposem: explicar, informar o argumentar? • Com pot resultar més interessant?

1.2. La recollida d'informació

La recollida d'informació s'ha de realitzar en funció d'allò que volem transmetre.

Què cal fer	Convé preguntar-se
Definir la **idea dominant**, entorn de la qual s'organitzarà tota la informació, i l'**objectiu**, allò que es vol aconseguir.	• Quina és la idea bàsica amb què s'ha de quedar el públic?
Recollir **informacions** sobre el tema que hem triat o ens han proposat en articles de premsa, llibres, webs recomanats, estadístiques, gràfics, etc.	• Amb quin grau d'aprofundiment hem d'exposar el tema?
Seleccionar els **aspectes** que cal tractar en l'exposició, d'acord amb la idea dominant, la finalitat comunicativa i allò que volem aconseguir de l'audiència.	• Quins punts ens interessa destacar? • Quines informacions hem de descartar? • Quins exemples i quines il·lustracions poden resultar més útils i eficaços?

1.3. L'elaboració del guió

Com en els treballs escrits, l'exposició oral exigeix **organitzar les informacions**, de manera que mostri una **estructura** determinada. Tenint en compte el tema i la situació comunicativa (espai, durada, destinataris i finalitat), hem de saber triar una estructura que ens permeti presentar l'exposició d'una manera **clara** i **eficaç**.

El **guió** és com una llista de punts bàsics que serveix per recordar allò que s'ha preparat; concretament, consisteix en un **pla esquemàtic** que s'ha de desenvolupar oralment. No es tracta, doncs, de redactar l'exposició i després llegir-la en veu alta (la lectura provoca cansament en l'auditori, ja que la llengua escrita no té els recursos expressius de la llengua oral).

El guió ha de contenir, de manera clara, els blocs de l'exposició: **introducció**, **desenvolupament** (dividit en parts), i **conclusió**.

Abans de presentar l'exposició en públic, convé fer diversos **assajos**, amb l'ajut del guió, per guanyar seguretat i fluïdesa en el discurs, però també per corregir els errors o les mancances del guió preparat. És molt convenient assajar davant de persones que ens puguin fer correccions o suggeriments, o fins i tot enregistrar un assaig per mirar-lo, i després poder millorar la presentació oral.

Estructura del guió	
Introducció	S'anuncia el tema, s'exposa l'objectiu que es pretén aconseguir i es presenta el pla esquemàtic que se seguirà.
Desenvolupament	S'exposen, de manera ordenada i coherent, els diversos aspectes del tema, i es fonamenten amb raonaments, proves i exemples.
Conclusió	Es fa un breu resum dels resultats, es destaquen els descobriments o els aprenentatges personals i es dona el punt de vista propi sobre allò que s'ha dit.

2. La presentació

Per realitzar amb èxit l'exposició oral, és útil seguir aquests consells:

- Parla amb veu alta i articula bé els sons.
- Actua amb naturalitat i mira l'auditori.
- Varia la velocitat i el to perquè l'exposició no sigui monòtona. Ves més lent en les parts difícils o en els punts importants.
- Explica els termes tècnics o poc habituals.
- Utilitza, quan calgui, la pissarra o qualsevol altre mitjà per presentar documents o elements gràfics que il·lustrin l'exposició.

Al teu espai personal del web www.barcanova.cat trobaràs una ampliació de les recomanacions per fer una bona exposició oral.

Exemple de guió	Exemple d'exposició oral (inici)

El canvi climàtic i les seves conseqüències

Introducció

L'escalfament del nostre planeta és un fet evident

- Com ens afectarà?
- Podem evitar-ho?

Desenvolupament

1. Clima en constant canvi
   - 1r exemple: 300 milions d'anys (+8°C)
   - 2n exemple: era glacial (-5°C)
     Il·lustr. 1: mapa de l'era glacial
2. Grans diferències amb el passat:
   a) Velocitat del canvi (darrers 30 anys +0,2 °C)
   b) Origen del canvi (augment d'emissions de CO_2)
      Il·lustr. 2: gràfic (relació temperatura / CO_2)
   c) Efecte d'hivernacle
      Il·lustr. 3: dibuix (explicar en què consisteix)
3. Científics preveuen augment de la temperatura
   a) Diversos efectes en la natura
      – Exemples al món
   b) Distribució geogràfica desigual dels efectes
      Il·lustr. 4: mapa món (augment temperatures)
      Il·lustr. 5: mapa món (disminució precipitacions)
   c) Efectes a la zona mediterrània
      Il·lustr. 6: sequera
      – Exemples a Catalunya i Espanya (augment de la temperatura)
4. Solució = eliminar gasos d'efecte d'hivernacle… efectes positius no es notarien fins d'aquí a un temps
   - Solució difícil de dur a terme
   - Exemples: Estats Units i Espanya

Conclusió

- Balanç de la situació
- Presa de consciència
- Què cal fer? Mitigar-ne els efectes i adaptar-s'hi

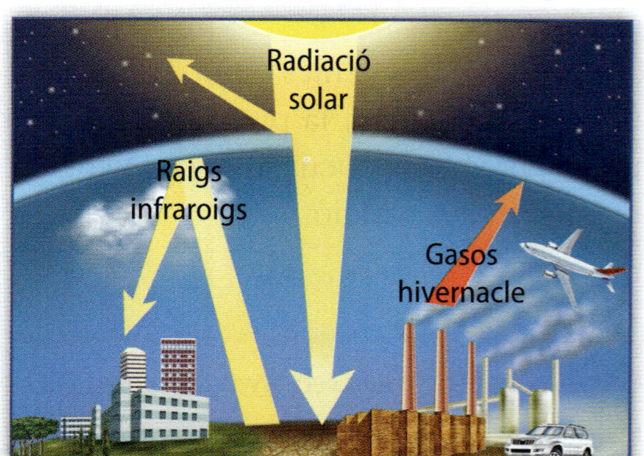

Il·lustració 3

Com ens afecta el canvi climàtic

No us heu fixat que ara els arbres perden les fulles més tard? No us heu adonat que els rosers floreixen fins i tot al mes de desembre? Oi que heu anat amb màniga curta gairebé fins a Nadal?... Què està passant? Doncs ras i curt, que el nostre planeta s'ha tornat més càlid en els últims anys. Això és un fet evident que han demostrat molts científics, els quals preveuen que les temperatures encara augmentin més en els propers anys. Ara bé, jo em pregunto: com ens pot afectar aquest escalfament en el futur immediat? Podem fer alguna cosa per evitar aquesta gran amenaça? Aquestes són les dues qüestions que intentaré respondre amb la meva exposició. En aquest sentit, he seleccionat unes quantes dades que em semblen molt interessants i també he triat unes il·lustracions que ens mostren la magnitud del problema.

Primer, intentaré definir el concepte de canvi climàtic. Tot seguit, explicaré les grans diferències del canvi climàtic actual respecte als canvis produïts en altres èpoques. A continuació, em centraré en els efectes que es produiran al món i en el nostre entorn més proper, si les temperatures augmenten tal com preveuen els científics. I, per acabar, explicaré per què és tan difícil trobar-hi una solució.

Començaré, doncs, explicant què hem d'entendre per canvi climàtic. D'entrada cal dir que el clima sempre ha estat en constant canvi. Per exemple, fa uns 300 milions d'anys la temperatura de la Terra era fins a 8°C més elevada que no pas ara. En canvi, a l'era glacial (fa uns 10.000 milions d'anys), l'època dels grans mamífers com els mamuts i els bisons gegants, la temperatura global mitjana era uns 5°C més baixa que la d'avui. En aquest mapa podeu observar que bona part de l'hemisferi nord era cobert per un casc de gel.

Per què, doncs, diem ara que estem patint un canvi climàtic? ...

Il·lustració 6

ACTIVITATS

Tècniques i habilitats

3.1. Digues quins blocs o parts del guió desenvolupa l'exposició iniciada en l'exemple de la pàgina anterior. Després determina quin fragment anuncia el tema, quin exposa l'objectiu i quin presenta el pla esquemàtic.

3.2. D'acord amb el guió que s'ofereix en l'exemple anterior, cerca la informació necessària per acabar de desenvolupar l'exposició oral. Fes servir l'enllaç que trobaràs al teu espai personal del web www.barcanova.cat.

3.3. Tria un tema per fer una exposició oral. Prepara-te-la d'acord amb les indicacions i els consells que hem vist en aquest apartat i presenta-la a la resta del grup. L'exposició ha de durar entre 10 i 15 minuts. Quatre persones de l'auditori l'avaluaran d'acord amb els aspectes relacionats en aquesta fitxa, que podeu descarregar del vostre espai personal del web www.barcanova.cat. La resta del grup en prendrà apunts i, després, els passarà en net (consulteu l'apartat *Tècniques i habilitats* del bloc 5 sobre la presa d'apunts).

AVALUACIÓ DE L'EXPOSICIÓ ORAL

Exposició de: Tema:		EXC	NOT	BÉ	SUF	IN
FORMA	**Aire general** (posat, gestos, mirada...)					
	Veu (potència, ritme, articulació)					
	Llenguatge (sintaxi, vocabulari)					
	Soltesa (en relació amb el guió)					
	Estructura (pla esquemàtic, equilibri de les parts)					
	Suports visuals (fotos, gràfics, esquemes, mapes...)					
CONTINGUT	**Interès general**					
	Claredat (explicacions, arguments, exemples...)					
	Domini del tema					
	Adaptació a l'auditori					

Defectes a corregir:

JORDI BALCELLS i EUSEBI COROMINA: *Papers de Comunicació*. Teide.

TEMPS VERBALS

Verbs irregulars de la 2a conjugació

La presència de la consonant **velar sorda** [k] a la primera persona del singular del present d'indicatiu (*jo cone**c***) ens indica que ha d'aparèixer la consonant **velar sonora** [g] en l'arrel dels temps següents:

Indicatiu		Subjuntiu	
Present	**Passat simple**	**Present**	**Imperfet**
*cone**c***	*cone**gué***	*cone**gui***	*cone**gués***
*cre**c***	*cre**gué***	*cre**gui***	*cre**gués***
*esti**c***	*esti**gué***	*esti**gui***	*esti**gués***
*pu**c***	*po**gué***	*pu**gui***	*po**gués***
*resol**c***	*resol**gué***	*resol**gui***	*resol**gués***
*tre**c***	*tra**gué***	*tre**gui***	*tra**gués***

En canvi:

Indicatiu		Subjuntiu	
Present	**Passat simple**	**Present**	**Imperfet**
*don**o***	*donà*	*doni*	*donés*
*admet**o***	*admeté*	*admeti*	*admetés*
*surt**o***	*sortí*	*surti*	*sortís*
veig	*veié*	*vegi*	*veiés*

Tanmateix, hi ha uns quants casos especials:

Indicatiu		Subjuntiu	
Present	**Passat simple**	**Present**	**Imperfet**
*corr**o***	*corre**gué***	*corri*	*corre**gués***
*cab**o***	*cabé*	*càpi**ga***	*cabés*
sé	*sabé*	*sàpi**ga***	*sabés*
*so**c***	*fou*	*si**gui***	*fos*

ACTIVITATS

3.1. Escriu la primera persona del singular del **present d'indicatiu** dels verbs *aparèixer, beure, preveure, recórrer, saber* i *ser*. Després conjuga el **present** i l'**imperfet de subjuntiu** d'aquests verbs.

jo aparec
jo aparegui, tu ...
jo aparegués, tu ...

3.2. Completa la sèrie amb la primera persona del singular del **present d'indicatiu**, del **present de subjuntiu** i de l'**imperfet de subjuntiu**.

a) No ho ***entenc*** ni crec que ho ... mai. Tant de bo algun dia ho ...!
b) No el ... ni crec que el ***reconegui***. Tant de bo el ...!
c) No ... en qui pot ser ni crec que hi ... Tant de bo hi ***caigués***!
d) No els ***veig*** ni crec que els ... mai. Tant de bo els ...!
e) No ... pacient ni crec que ho ***sigui*** mai. Tant de bo ho ...!
f) No ho ... ni crec que ho ... mai. Tant de bo ho ***sabés***!
g) No hi ***cabo*** ni crec que hi ... Tant de bo que hi ...!
h) No ... cap perill ni crec que en ***corri***. Mai no he pensat que en ... cap.

3.3. Canvia les formes del **passat perifràstic** (*va donar*) per les del **passat simple** (*donà*).

a) Jo hi *estic* molt bé. Tu també hi ***vas estar*** tan bé?
b) No em *moc* d'aquí. Ella tampoc se'n ***va moure***.
c) Ara ja ho *sabem*. Ho ***vam saber*** ahir al vespre.
d) Jo *desaparec* quan crida. Vosaltres també ***vau desaparèixer*** quan cridava?
e) Fa dies que no el *veig*. Oi que ahir ells el ***van veure***?

TEXTOS ADMINISTRATIUS

La carta de presentació, el currículum i l'entrevista de feina

Guió

1. La carta de presentació
2. El currículum
3. L'entrevista de feina

La llei estableix que les persones, a partir de 16 anys, tenen **dret al treball**, és a dir, poden ser contractades per una empresa per exercir una professió, a canvi d'un sou regulat pels convenis laborals, o bé poden constituir-se com a treballadors autònoms.

Quan **busquem feina**, hem de seguir una sèrie de **passos**:

a) Ens hem de donar a **conèixer** (mitjançant una carta de presentació).

b) Hem de donar les nostres **dades**, mostrar els nostres **coneixements** i habilitats, i detallar la nostra **experiència** laboral (en un currículum).

c) Hem de sotmetre'ns a les **proves** de selecció que proposi l'empresa (entrevista i proves teòriques i pràctiques).

En aquest apartat veurem com podem redactar una **carta de presentació** i un **currículum**, i com podem preparar una **entrevista de feina**.

Els **documents** que redactem per optar a una **feina** han de presentar aquestes característiques:

a) El llenguatge ha de ser formal però, alhora, senzill i clar.

b) La relació amb el destinatari ha de ser educada i respectuosa.

c) La presentació ha de ser molt acurada i la redacció, coherent i correcta.

d) La informació ha de ser certa i objectiva.

1. La carta de presentació

Les empreses que necessiten treballadors per cobrir llocs de treball vacants solen publicar **anuncis** als diaris, a internet o a les oficines de treball. En la majoria de casos demanen a les persones interessades que escriguin una carta de presentació i que hi adjuntin el currículum.

La Verònica ha trobat un anunci d'una feina que és del seu interès i ha decidit sol·licitar-la. Fixa't com ha redactat la carta de presentació:

Verònica Pérez Lanau
C. del Mar, 313, 1r.
08911 Badalona
Tel.: 333 335 555

BCD Serveis SL
Ref. 1209 A
Apartat de correus 2244
08303 Mataró

Badalona, 20 de desembre de 2016

Sr. / Sra.,

En resposta a l'anunci publicat al diari *El Punt Avui*, segons el qual necessiteu un / una auxiliar administratiu /va per a la vostra empresa, us envio aquesta carta per oferir-me com a candidata a ocupar aquest lloc de treball.

Em dic Verònica Pérez Lanau i tinc 18 anys. Fa dos anys vaig acabar els estudis d'Ensenyament Secundari Obligatori i, actualment, estic cursant el segon curs d'un mòdul professional de gestió administrativa. L'estiu passat vaig treballar, amb un contracte temporal, en el departament d'administració d'un hotel de la Costa Brava. La meva tasca consistia a controlar les entrades i sortides de clients i fer la facturació. Tinc, doncs, una certa experiència en aquest àmbit.

Per la meva preparació i experiència, em considero capacitada per portar a terme les tasques d'auxiliar administrativa, de la mateixa manera que penso que puc encaixar en el vostre equip de treball i adaptar-me perfectament a l'activitat de la vostra empresa.

Espero que la meva oferta sigui del vostre interès i que em concediu una entrevista per tal de donar-me a conèixer personalment. No cal dir que estic a la vostra disposició per efectuar totes les proves de coneixements i habilitats que cregueu oportunes.

A l'espera de les vostres notícies, m'acomiado atentament,

Signatura:

PD

Adjunto currículum

2. El currículum

Un currículum és un document que recull de manera simple i esquemàtica les **dades** personals, acadèmiques i professionals d'una persona que sol·licita un lloc de treball.

CURRÍCULUM DE VERÒNICA PUIG LANAU

Lloc de treball sol·licitat:
Auxiliar d'administració

1. Dades personals

Nom: Verònica Pérez Lanau
Lloc i data de naixement: Badalona, 2 d'octubre de 1998
DNI: 44.777.333 H
Adreça: C. del Mar, 313, 1r.
08911 Badalona
Telèfon: 333 335 555

2. Formació

- Graduat Escolar a l'Institut Pau Casals de Badalona, any 2014.
- Certificat de Nivell B de Llengua catalana, any 2016.
- Curso el segon curs d'un mòdul professional de gestió administrativa a l'IES La Pineda de Badalona.
- Curso tercer curs d'anglès a l'Escola Oficial d'Idiomes de Badalona.

3. Experiència professional

- Auxiliar d'administració (control de clients i facturació) a l'Hotel Mar Blanca de Palamós de l'1 de juny al 15 de setembre de 2016.
- Període de pràctiques escolars (150 hores) a l'empresa Construccions i Habitatge de Mataró (curs 2015-16).

4. Dades complementàries

Idiomes: Bon coneixement oral i escrit de català i castellà.
Nivell mitjà d'anglès.

Informàtica: Nivell d'usuari avançat en processador de text, full de càlcul, internet i correu electrònic.

Carnet de conduir: A1 i B

5. Informes

Poden demanar referències sobre la meva activitat professional a la Sra. Júlia Mirall, cap de la secció de recursos humans de l'Hotel Mar Blanca de Palamós. Tel. 466 466 466.

Badalona, 20 de desembre de 2016

3. L'entrevista de feina

L'entrevista de feina és una reunió entre la persona encarregada de seleccionar el personal d'una empresa i el candidat o la candidata a ocupar el lloc de treball. Cada una d'aquestes persones persegueix uns **objectius**:

Objectius del seleccionador o seleccionadora	Objectius del candidat o candidata
1. Esbrinar si el candidat o la candidata sap, pot i vol treballar.	1. Demostrar al seleccionador o la seleccionadora que sap, pot i vol treballar.
2. Avaluar si el candidat o la candidata és la persona més idònia per ocupar el lloc de treball.	2. Convèncer el seleccionador o la seleccionadora que té competència suficient per ocupar el lloc de treball.
3. Preveure el rendiment del candidat o la candidata i la seva actitud a la feina.	3. Demostrar interès i motivació per fer la feina que s'ofereix.

Una entrevista de feina sol constar de les **fases** següents:

Fases de l'entrevista de feina		
1. Salutació	**En què consisteix**	El seleccionador o seleccionadora i el candidat o candidata es presenten mútuament. En aquest primer contacte, el seleccionador rep la primera **imatge** del candidat.
	Consells	Convé transmetre una imatge de cordialitat i simpatia. Saluda amb convicció.
2. Introducció	**En què consisteix**	Consta d'una **xerrada** breu de caràcter **informal** (*Has arribat bé fins aquí?; amb què has vingut?; on vius?*, etc.).
	Consells	Deixa la iniciativa al seleccionador o seleccionadora i intenta adaptar-te als continguts que proposi i al seu estil.
3. Nucli de l'entrevista	**En què consisteix**	El seleccionador o la seleccionadora formularà diverses **preguntes** sobre aspectes personals, familiars, acadèmics i laborals (vegeu preguntes habituals més avall). En les feines que exigeixen tracte amb el públic, és molt important demostrar un bon domini de la **llengua oral**. Si el lloc de treball ho requereix, ens poden exigir fer una part de l'entrevista en castellà, en anglès o en qualsevol altra llengua.
	Consells	Cal contestar amb convicció, naturalitat i mesura: les respostes no han de ser ni massa llargues ni massa curtes. Parla correctament, a poc a poc i amb veu alta, i mira als ulls del teu interlocutor.
4. Part final	**En què consisteix**	En aquesta part, el seleccionador o seleccionadora deixarà la iniciativa al candidat o candidata perquè formuli les **preguntes** que vulgui.
	Consells	Pots demostrar interès pel procés de selecció, per la manera de comunicar-te el resultat de l'entrevista, pel sistema de treball de l'empresa, pel tipus de contracte, pel sou, per les perspectives de millora professional i laboral, etc.
5. Comiat	**En què consisteix**	El seleccionador o la seleccionadora dona per acabada l'entrevista, explica al candidat o la candidata la manera en què se li comunicarà el resultat i li desitja bona sort.
	Consells	Quan el seleccionador doni per acabada l'entrevista, agraeix-li que t'hagi atès i acomiada't donant la mà de manera ferma i cordial.

Vegem també quines són les **preguntes habituals** en una entrevista de feina:

Preguntes habituals en una entrevista de feina	
1. Preguntes relacionades amb el lloc de treball que s'ofereix	• Com te n'has assabentat, d'aquest lloc de treball? • Què en saps, de l'empresa? • Quins són els teus objectius a llarg termini? • Estàs disposat a viatjar? • Què pots oferir d'especial a l'empresa? • Quines són les teves pretensions econòmiques? • Estàs disposat a assumir responsabilitats?
2. Preguntes relacionades amb feines anteriors (si és el cas)	• En quines empreses has treballat fins ara? • Quin tipus de treball hi feies? • Quines responsabilitats hi vas assumir? • Quina relació vas mantenir amb els caps i amb els companys? • Et vas trobar amb alguna dificultat especial? • Per què has decidit canviar de feina?
3. Preguntes relacionades amb la formació	• Quins estudis has fet? • Per què vas decidir fer aquests estudis? • Penses continuar estudiant? • Creus que és important formar-se contínuament?
4. Preguntes relacionades amb la personalitat i la vida privada	• On vius i amb qui? • Quines són les teves aficions? • Quines qualitats destacaries de la teva manera de ser? • Quins defectes? • T'agrada treballar en equip? • Quines motivacions et porten a treballar? • T'agrada la feina rutinària o prefereixes la que va canviant?

ACTIVITATS

Textos administratius

4.1. Escriu la **carta de presentació** i el **currículum** d'una persona que estigui interessada en el lloc de treball que s'ofereix en aquest anunci:

Empresa internacional amb delegació a Granollers desitja cobrir 30 places d'agent comercial.

PERFIL DEL CANDIDAT/A
- Titulació de Batxillerat o de Formació Professional.
- Domini parlat i escrit del català i el castellà.
- Capacitat per a les relacions socials.
- Es valoraran els coneixements d'anglès, francès i informàtica.

FUNCIONS A REALITZAR
- Representar l'empresa i atendre els seus clients.
- Promocionar i vendre els seus productes seguint les instruccions de l'empresa.

CONDICIONS DE TREBALL
- Contracte laboral de representació com a agent comercial.
- Assignació en exclusiva d'una zona geogràfica amb més de 300.000 habitants.
- Cotxe i desplaçaments a càrrec del treballador.
- Mostrari de productes facilitat per l'empresa.
- Retribució fixa de 1.200 euros al mes i una comissió del 15% de les vendes realitzades.

Interessats i interessades, envieu carta de presentació i currículum a l'adreça següent:
CCA Selecció de personal
C. Casp, 1 – 08010 Barcelona

4.2. En parelles. Simuleu una **entrevista de treball**: un farà de seleccionador o seleccionadora i l'altre de candidat o candidata. Definiu, primer, per mitjà d'un anunci, el lloc de treball que s'ofereix. En l'entrevista, podeu utilitzar les preguntes que s'indiquen com a habituals en el quadre de més amunt. Penseu, abans, quines han de ser les respostes més adequades en funció de la feina que s'ofereixi.

LES PROPIETATS DEL TEXT

La cohesió

Guió

1. La propietat de la cohesió textual
2. Elements de cohesió
3. L'anàfora lèxica
4. L'anàfora gramatical
5. La connexió

1. La propietat de la cohesió textual

Ja sabem que els enunciats d'un text han de tenir una unitat de sentit, que és el tema del text. Però, a més a més d'aquesta relació semàntica, els enunciats s'han d'enllaçar amb una sèrie d'elements lingüístics que tenen la funció de donar **cohesió** al text, és a dir, fer que els enunciats quedin formalment ben travats.

2. Elements de cohesió

Els elements de cohesió poden ser **marques lèxiques** que fan referència a un mateix referent (*anàfora lèxica*), **marques gramaticals** que recuperen el significat d'un antecedent (*anàfora gramatical*) i **marques de connexió** que expressen la relació que hi ha entre diversos enunciats (*connectors textuals*).

Analitzem un exemple que ens permetrà entendre la propietat de la cohesió textual:

Me and Earl and the dying girl **(Jo, ell i Raquel)**

Sinopsi

Greg Gaines és un estudiant un xic desmanyotat que vol passar desapercebut el seu últim curs de secundària. Greg defuig les relacions socials i dedica el temps de lleure a fer curtmetratges amb Earl, el seu únic «col·laborador». Però, quan la seva mare l'obliga a fer-se amic d'una companya de classe amb leucèmia, el jove adolescent descobreix com poden arribar a ser de valuosos els lligams de l'amistat.

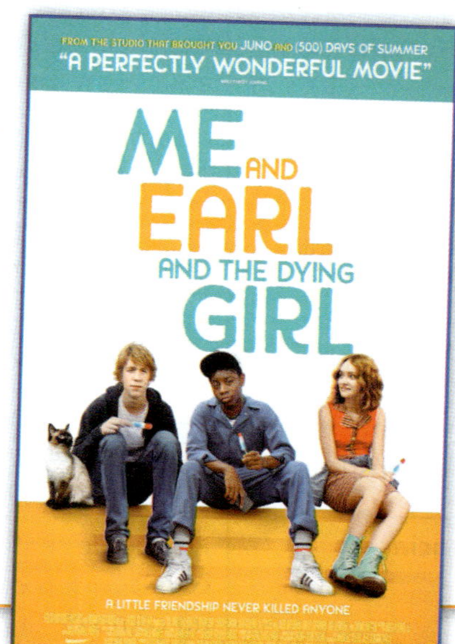

Cartell de la pel·lícula *Me and Earl and the dying girl* (Jo, ell i Raquel), de Alfonso Gómez-Rejón, 2015.

En el text de la pàgina anterior veiem com s'hi utilitzen els tres tipus d'elements de cohesió esmentats abans:

a) L'ús de dues **marques lèxiques** (***Greg***, ***el jove adolescent***) que fan referència a un mateix referent (Greg Gaines).

b) L'ús de diverses **marques gramaticals** (**que**, **seu**, *dedica*, **seva** i ***l'****obliga*) que recuperen el significat de l'antecedent (Greg Gaines).

c) L'ús d'una **marca de connexió** (***però***) que expressa la relació que hi ha entre els enunciats anteriors i els posteriors d'aquesta marca, anomenada *connector*.

Observem que tant les marques lèxiques com les marques gramaticals de cohesió es basen en la relació que s'estableix entre dos elements lingüístics: un que posa el significat (A) i l'altre que s'interpreta en relació amb aquell (B):

Greg Gaines és un estudiant [...] ***el jove adolescent*** *descobreix* ...

A (referent) ← **B** (marca lèxica de referència)

Greg Gaines *és un estudiant un xic desmanyotat* **que** *vol passar desapercebut* ...

A (antecedent) ← **B** (marca gramatical de referència)

Aquesta forma de referència entre dos elements s'anomena **anàfora**, paraula que vol dir 'repetició'. Per això parlem d'**anàfora lèxica** i d'**anàfora gramatical**.

3. L'anàfora lèxica

L'anàfora lèxica és un **vincle semàntic** que consisteix a relacionar **el significat** de dues o més paraules que són presents en el text. L'anàfora lèxica presenta diferents tipus de relació entre els dos elements lèxics, que van des de la més forta (la repetició) a la més feble (l'associació).

Mecanismes de referència: l'anàfora lèxica

Marques	Descripció	Exemples
Repetició	Coincidència amb el referent: el significat és el mateix i la forma és una còpia o quasicòpia del referent.	*Greg Gaines és un estudiant un xic desmanyotat que vol passar desapercebut el seu últim curs de secundària.* ***Greg*** *defuig les relacions socials...*
Reiteració	Repetició del referent: el significat és equivalent, però la forma és diferent:	*Un terratrèmol es va registrar ahir a la comarca del Ripollès [...] El* ***moviment sísmic*** *va despertar molta gent tot i que l'epicentre del* ***sisme*** *no es va registrar en una zona habitada...*
• Sinonímia	- Compartició total o parcial del significat amb el referent (sinònim).	
• Hiperonímia	- Inclusió del referent en un significat més ampli (hiperònim).	*Es capbussen en l'aigua perquè fa molta calor. El* ***líquid*** *és fresc i transparent.*
• Hiponímia	- Reducció del referent en un significat més específic (hipònim).	*L'espècie més gran d'ocells no voladors és el pingüí emperador;* ***els adults*** *tenen una alçada mitjana d'1,1 m i pesen uns 30 kg.*
• Encapsulament	- Concentració d'un referent llarg en una paraula de significat general (càpsula).	*Les vaques no poden pujar una escala,* ***cosa*** *curiosa si comprovem que sí que poden baixar-la.*
Associació	Relació de sentit: conjunt de paraules que es relacionen entre si perquè pertanyen a un camp de la nostra experiència.	*El* ***temps*** *de demà serà variable: hi haurà* ***núvols*** *i* ***clarianes****, i no es descarten alguns* ***ruixats****.*

4. L'anàfora gramatical

L'anàfora gramatical consisteix en l'ús de **morfemes** o **mots gramaticals** (pronoms o possessius) que recuperen un **antecedent pròxim** i fàcil d'identificar. L'anàfora gramatical s'activa amb les marques següents:

Mecanismes de referència: l'anàfora gramatical		
Marques	**Funció**	**Exemples**
El·lipsi	Elideix el subjecte (ø), que es pot identificar pels morfemes verbals.	***Greg*** *evita les relacions socials i* **ø** *dedic***a** *el temps de lleure a fer curtmetratges amb Earl.*
Morfemes verbals	Remeten a l'antecedent.	*ø (Greg) dedic***a** *el temps de lleure a fer curtmetratges amb Earl.*
Pronoms		***Ella*** *(la seva mare)* ***l'****obliga (Greg) a fer-se amic d'una companya de classe amb leucèmia.*
Possessius		*(Greg) dedica el temps de lleure a fer curtmetratges amb Earl, el* ***seu*** *(de Greg) únic «col·laborador».*

5. La connexió

La connexió és un mecanisme de cohesió entre les diferents unitats del text (oracions, grups d'oracions i paràgrafs) mitjançant connectors. Un **connector** és un mot o una locució d'**enllaç** que posa de manifest la **relació de sentit** que mantenen dues oracions o dos conjunts d'oracions independents. Reprenguem l'exemple que il·lustra el fenomen de la connexió:

Greg defuig les relacions socials i dedica el temps de lleure a fer curtmetratges amb Earl, el seu únic «col·laborador». ***Però****, quan la seva mare l'obliga a fer-se amic d'una companya de classe amb leucèmia, el jove adolescent descobreix com poden arribar a ser de valuosos els lligams de l'amistat.*

En aquest cas, la conjunció ***però*** esdevé un connector textual: d'una banda, actua d'enllaç entre dos grups d'oracions i, de l'altra, posa en relleu la **contraposició de sentit** que s'estableix entre les dues informacions.

En el bloc 5, estudiarem amb més detall el mecanisme de la connexió.

Perquè un text estigui **ben cohesionat** cal que els continguts i les unitats que el componen es vagin **relacionant** contínuament; si no, ens perdríem i no entendríem bé de què estem parlant o què se'ns està dient.

ORGANITZA ELS TEUS CONEIXEMENTS

LES PROPIETATS BÀSIQUES DEL TEXT

- **ADEQUACIÓ**
- **COHERÈNCIA**
- **COHESIÓ**
  - **Formes de referència**
    - **Anàfora lèxica**
      - **Relació amb un referent per mitjà del significat**
        - Repetició total o parcial
        - Reiteració amb sinònims, hiperònims, hipònims o càpsules
        - Associació de paraules
    - **Anàfora gramatical**
      - **Relació amb un antecedent per mitjà d'un mot gramatical**
        - El·lipsis
        - Morfemes verbals
        - Pronoms
        - Possessius
    - **Connexió**
      - **Ús de connectors**
        - Mots o locucions d'enllaç que posen en relleu la relació de sentit entre diferents parts del text

ACTIVITATS

Propietats del text

La propietat de la cohesió textual

4.1. Llegeix i compara aquestes dues versions del mateix text i, després, contesta les preguntes que hi ha a continuació.

1

El mamut era una mena d'elefant amb pèl. El mamut es va adaptar a viure als climes àrtics. El mamut es va extingir fa uns deu milions d'anys. S'han conservat desenes de milers d'esquelets de mamut al subsol de les zones permanentment glaçades de Sibèria.

2

El mamut, una mena d'elefant amb pèl que es va adaptar a viure als climes àrtics, es va extingir fa uns deu milions d'anys. Tanmateix, se n'han conservat desenes de milers d'esquelets al subsol de les zones permanentment glaçades de Sibèria.

a) A quina de les dues versions els enunciats estan travats formalment amb diferents elements lingüístics?

b) A quina versió les relacions formals entre els enunciats són més escasses?

c) A quina versió el text està més cohesionat i a quina està més fragmentat?

d) Què fa que un text estigui més cohesionat?
- L'ordre dels enunciats
- Les marques formals de relació entre els enunciats
- La relació dels enunciats amb el tema del text.

Elements de cohesió

4.2. Llegeix aquest text, fixa't en les diferents marques formals de cohesió que hem destacat i, en acabat, classifica-les en la taula de més avall.

Mamuts ben aprofitats

Des que en una conferència internacional es va decidir de prohibir el comerç mundial d'**ivori**, la demanda d'**ullals de mamut** extrets del gel siberià ha augmentat espectacularment. El **mamut**, una mena d'**elefant amb pèl que**[1] es va adaptar a viure als climes àrtics, es va extingir fa uns deu milions d'anys. **Tanmateix**, se **n'**[1]han conservat desenes de milers d'esquelets al subsol de zones **que**[2] es troben permanentment glaçades de Sibèria. En **aquestes condicions**, l'**ivori** s'**hi** ha mantingut en perfecte estat durant milers d'anys, **ja que** el fred ha retardat moltíssim el procés de la **seva** descomposició. L'**ivori de mamut, que**[3] abans es venia a meitat de preu respecte al **ø** de l'elefant, ara ha triplicat el preu.

Marques formals de cohesió		
Marques lèxiques	**Marques gramaticals**	**Marques de connexió**
ivori		

Ara digues, a partir de les marques lèxiques, quin és el tema principal del text.

4.3. Un cop feta l'activitat anterior, contesta aquestes preguntes sobre les diferents **marques formals de cohesió**:

a) Quines marques designen el mateix referent amb paraules idèntiques o equivalents?
Les marques …

b) Quines marques només es poden interpretar a partir d'un antecedent?

c) Quines marques manifesten la relació de sentit que s'estableix entre dues oracions o dos conjunts d'oracions?

d) Com s'anomena la forma de relació que hi ha entre les marques lèxiques i el referent, i entre les marques gramaticals i l'antecedent?

L'anàfora lèxica

4.4. Quan el referent està lluny o bé hi ha més d'un referent en el text, cal fer servir **la repetició** per evitar ambigüitats. Repeteix el **referent** amb una **còpia** o **quasicòpia** en els enunciats dels fragments següents quan calgui.

a) Durant el transcurs d'una missió tripulada a Mart, l'astronauta **Mark Watney** és donat per mort i abandonat pels seus companys de tripulació després d'una violenta tempesta. No obstant això, … sobreviu i es troba sol i abandonat en aquest planeta hostil.

b) **Leo Messi**, escollit el millor jugador de la passada Lliga, també … va aixecar el guardó de millor jugador de les competicions UEFA i … és el principal candidat a la Pilota d'Or.

c) Suposem que un **camió** està carregat amb **caixes** apilades; si … arrenca sobtadament, … , d'acord amb el principi d'inèrcia, poden caure: … es posa en marxa, però … tenen tendència a continuar en repòs i a romandre al lloc on es trobaven inicialment.

4.5. Emprem la **reiteració lèxica** per no anar repetint el referent amb les mateixes paraules. En les frases següents, substitueix els referents que es repeteixen per la forma de reiteració més adient de la taula:

a) Per la festa d'aniversari, l'àvia va contractar un **acordionista** molt requerit. L'*acordionista* va tenir un èxit extraordinari.

b) El **plovisqueig** o plovineig no té la constància del xim-xim ni la intensitat del xàfec; és un *plovisqueig* de petites esquitxades gairebé impotent per amarar la terra, però que deixa una làmina brillant a tot el paisatge.

c) Guaita quin **llibre** li han regalat; és un *llibre* de ciència-ficció del segle XIX.

d) Quan estem a l'interior d'un **vehicle** i fem un revolt, sentim com una força que ens impulsa cap enfora del *vehicle*; de nou, és una conseqüència del principi d'inèrcia.

e) Al cap de tres dies de camí vam arribar a una clariana on hi havia un **casalot**; era un *casalot* enorme amb més de trenta habitacions.

f) No dúiem paraigua i vam quedar ben **xops**; el vestits i els cabells van quedar completament *xops* d'aigua.

sinònims	hiperònims	hipònims
plugim	*músic*	*novel·la*
amarat, -da	*habitatge*	*automòbil*

4.6. La reiteració lèxica pot aportar **informació addicional**, objectiva o subjectiva, respecte al referent.

a) Llegeix el fragment següent i substitueix les **repeticions** destacades en cursiva per aquestes altres formes de reiteració lèxica: *la reina de les corbes sexis / la cantant nord-americana*.

> **Jennifer López** segurament deu estar fent exercici com una boja aquestes setmanes: segons va dir fa uns dies, a *Jennifer López* li encanta menjar i gaudir d'un bon àpat porqueria, ja que només es cuida a fons quan té algun projecte entre mans. Ara està molt ocupada (gira i pel·lícula acabada d'estrenar), i tot ho fa amb el seu Marc Anthony, de qui *Jennifer López* no se separa ni un moment des del juny del 2005.
>
> *Avui.cat*, 26 de juliol de 2007 (text adaptat)

b) Quina forma de reiteració lèxica aporta informació objectiva exclusivament i quina aporta una informació subjectiva?

4.7. Una forma de reiteració lèxica és l'**encapsulament**, que consisteix a concentrar un **referent llarg** en una paraula de significat general, anomenada càpsula. Cohesiona les frases següents utilitzant la **càpsula** més adequada en cada cas sense repetir-ne cap: *cosa, fet, cas, aspecte, qüestió, condició*.

a) Les tropes van cremar el sembrats, ... que va provocar molta fam i una gran mortaldat.

b) No ha superat la prova, per la qual ... haurà de tornar-se a examinar.

c) Discutien exasperadament sobre la ubicació dels urinaris públics al barri; és una ... polèmica que pot provocar una gran divisió entre els veïns.

d) El congelador ha de mantenir una temperatura d'almenys 18 °C sota zero, ... necessària perquè els aliments s'hi conservin durant un cert temps.

e) Sé qui m'ha agafat el mòbil. Què faries tu en aquest ...?

f) El dany anatòmic i funcional és el mateix per a totes les persones. En aquest ..., la pèrdua d'un dit d'una mestressa de casa, d'un treballador de la construcció o d'un pianista famós té el mateix valor.

4.8. L'**associació lèxica** és una forma de cohesió en què relacionem un conjunt de paraules que pertanyen a un camp de la nostra experiència.

a) Amb quins camps es relacionen aquests dos conjunts de paraules?

circuits	angle d'inclinació
pilots	punt de frenada
tandes	Moto3
Moto GP	Moto2
graella de sortida	vèrtex

torre	fer pinya
castell	aplomar-se
colla	aixecar per sota
enxaneta	carregar
quatre de nou amb folre	fer llenya
manilles	desmuntar

b) Ara completa el text següent amb les paraules adients del grup que hi estigui relacionat.

Aquest cap de setmana arriba de nou la festa del motor al Circuit de Catalunya: el Gran Premi de motociclisme. L'expectació és màxima i els ... s'omplen ja abans de les curses per assistir a les ... lliures i oficials dels entrenaments, que determinen la posició dels ... a la ... ... en les tres categories del campionat del món de motociclisme de velocitat: ..., ... i ...

Una vegada més, les fotos més espectaculars ens ensenyaran les màquines en un ... ... inversemblant als revolts, quan els pilots ja han superat el ... ... i es preparen per a accelerar un cop superat el ... d'un revolt, o fins i tot abans.

http://www.termcat.cat/ca/Comentaris_Terminologics/Apunts_Terminologics/113/

L'anàfora gramatical

4.9. Digues en quins casos la repetició lèxica és necessària i en quins altres cal aplicar-hi l'**el·lipsi**.

a) Les sandàlies i les espardenyes les feia malbé cada any; *les sandàlies* li podien durar fins al setembre, però *les espardenyes* amb prou feines si li arribaven a finals de juliol.

b) De tant trescar per la muntanya les espardenyes se li havien esfilagarsat; *les espardenyes* tenien els cordons trencats i la tela foradada.

c) L'esquirol és un animal d'hàbits diürns; *l'esquirol* no hiberna i *l'esquirol* s'alimenta de llavors, bolets, cargols i insectes.

d) Ens van dur un cistell de prunes i una caixa de taronges; *les prunes* eren de la varietat reina clàudia.

BARCANOVA

4.10. En aquestes frases, substitueix els referents repetits destacats en cursiva per un **pronom fort** (*ell, ella...*), un **demostratiu** (*aquest, -a, aquell, -a ...*) o un **quantificador** (*el primer, el segon; l'un, l'altre*).

a) La psicologia i la psiquiatria són ciències diferenciades; *la psicologia* estudia la conducta i la vida mental de les persones; en canvi, *la psiquiatria* té com a objectiu tractar els desordres i les malalties mentals.

b) L'Eloi i l'Andrea es van examinar el mateix dia. Ni *l'Eloi* ni *l'Andrea* no van sortir gaire satisfets de l'examen.

c) En aquesta foto hi pots veure la Marta, la Isabel, la Berta i l'Agnès; *la Marta* és la meva cosina i *la Isabel* és la meva germana.

d) De petits, en Jordi i l'Albert eren com gat i gos; quan *en Jordi* deia blanc, *l'Albert* deia negre.

4.11. Modifica el text següent aplicant l'**anàfora gramatical**: evita la repetició dels antecedents mitjançant aquestes marques: a) els pronoms *li* (2 cops), *l'* (2 cops), *el*, *hi*; b) els possessius *seva*, *seu* (2 cops).

El triplet català al mundial de motociclisme

I què podem dir de l'immens Marc Márquez? Campió del món per mèrits propis, acumulant punts regularment al llarg de tota la temporada –tret d'una caiguda i l'errada monumental del seu equip, que gairebé *(a Marc Márquez)* ... costa el mundial-, creixent com a pilot i com a persona. El somriure i la rialla, que sempre ... acompanyen *(Marc Màrquez)*, ... han obert *(a Marc Màrquez)* el cor de tota la gent que diumenge rere diumenge mirem les curses de Moto GP. La ... gosadia *(de Marc Márquez)*, el ... talent *(de Marc Márquez)* i una conducció perfecta sempre al límit ... han convertit *(Marc Márquez)* en el pilot més carismàtic del mundial. Valentino Rossi ja s' ... ha rendit *(a Marc Márquez)* i ... veu *(Marc Márquez)* com el ... successor *(de Valentino Rossi)* en el món de l'Olimp motociclista. Sembla que l'era Márquez a la categoria reina només acaba de començar.

Insmontsuar.cat 2015 (Web de l'Institut Manuel de Montsuar)

La connexió

4.12. Llegeix aquest text i subratlla els quatre **connectors textuals** que conté. Després, per cada un, digues quina mena de relació entre oracions posa en relleu (contraposició o conseqüència).

En l'estudi dels éssers vius, definim una espècie com aquell conjunt d'individus que poden encreuar-se i produir descendència fèrtil. Per tant, un cavall i un hipopòtam no són de la mateixa espècie. Tanmateix, un cavall i un ase sí que poden tenir descendència: el mul eguí (híbrid de cavall i somera) o el mul somerí (híbrid d'euga i ase). Però els híbrids, que són el resultat de l'encreuament d'individus d'espècies distintes, no són fèrtils. Així doncs, podem concloure que el cavall i l'ase no són de la mateixa espècie.

Activitat de síntesi

4.13. Escriu un **text cohesionat** a partir dels enunciats següents. Evita les *repeticions* utilitzant marques gramaticals (*que, el, seva, seu, qual*) i lèxiques (*el nen*). Quan calgui, enllaça les oracions amb connectors (*i, però, quan*).

LITTLE BOY

Sinopsi

- *Pepper Busbee* és un nen de 8 anys
- *Pepper Busbee* viu amb la família en una petita ciutat dels Estats Units.
- Tothom coneix *Pepper Busbee* com a Little Boy a causa de la baixa alçada *de Pepper Busbee*.
- *Pepper Busbee* és rebutjat i molestat per la resta de companys
- l'únic amic de Little Boy és el pare *de Little Boy*, el James,
- amb el *James* cada dia sembla una aventura nova.
- el món de Little Boy s'esfondra
- el James és reclutat com a soldat per anar a la Segona Guerra Mundial.

TEMPS VERBALS

Modes imperatiu i subjuntiu

Els verbs que tenen una arrel velaritzada (amb *–c* o *–gu-*, com *be**c*** / *be**gu**i*; *di**c*** / *di**gu**i*) solen formar l'imperatiu segons un d'aquests models:

Imperatiu			
beure		**dir**	
beu *be**gu**i* *be**gu**em* *beveu* *be**gu**in*	*(tu)* *(vostè)* *(nosaltres)* *(vosaltres)* *(vostès)*	*di**gu**es* *di**gu**i* *di**gu**em* *di**gu**eu* *di**gu**in*	*(tu)* *(vostè)* *(nosaltres)* *(vosaltres)* *(vostès)*
Els verbs que no tenen velaritzada la segona persona del singular, tampoc tenen velaritzada la segona del plural. Així doncs: *encén* → *enceneu* *escriu* → *escriviu* *mou* → *moveu* *treu* → *traieu*		Els verbs que tenen velaritzada la segona persona del singular, també tenen velaritzada la segona del plural. Així doncs: *esti**gu**es* → *esti**gu**eu* *sàpi**gu**es* → *sapi**gu**eu* *si**gu**es* → *si**gu**eu* *vul**gu**es* → *vul**gu**eu*	

L'imperatiu serveix per donar ordres o fer exhortacions. En canvi, en les prohibicions utilitzem el present de subjuntiu (i aquest temps presenta en aquests verbs totes les persones velaritzades):

Ordres i exhortacions (imperatiu)	Prohibicions (present de subjuntiu)
Encén / enceneu	*No encenguis / no encengueu*
Seu / seieu	*No seguis / no segueu*
Treu / traieu	*No treguis / no tragueu*
Riu / rieu	*No riguis / no rigueu*

Recorda que a l'hora de donar una ordre o una prohibició de caràcter general, en català s'acostuma a utilitzar la segona persona del plural (i no pas l'infinitiu). Per exemple:

Heu de deixar sortir. → *Deixeu sortir* (i no pas «deixar sortir»).

Prohibit fumar. → *No fumeu* (i no pas «no fumar»).

Estireu / Empenyeu (i no pas «estirar / empènyer»).

No aparqueu (i no pas «no aparcar»).

ACTIVITATS

4.1. Expressa les ordres següents amb el mode **imperatiu**.

a) Heu d'encendre el foc.
→ *Enceneu ...*
b) Heu de beure-us la llet.
c) Heu d'estar preparats.
d) Heu d'atendre els clients.
e) Heu de subscriure-us a un diari.
f) Heu de saber perdre.
g) Us heu de distreure.
h) Heu de reconèixer els vostres defectes.

4.2. Expressa les prohibicions següents amb el mode **subjuntiu**.

a) Prohibit de moure escàndol.
→ *No mogueu ...*
b) Prohibit de riure's dels companys.
c) Prohibit de treure's les sabates.
d) Prohibit de vendre begudes alcohòliques.
e) Prohibit de beure aigua de l'aixeta.
f) Prohibit d'asseure's a les escales.

4.3. Passa del singular al **plural** les formes verbals de les frases següents:

a) No encenguis el llum. / Encén una espelma.
→ *No encengueu ... / Enceneu ...*
b) No estiguis nerviós. / Estigues tranquil.
c) No em responguis ara. / Respon-me demà.
d) No siguis caragirat. / Sigues-me franc.
e) No ho entenguis malament. / Entén-ho en el bon sentit.
f) No diguis res. / Digues-li la veritat.

LES PROPIETATS DEL TEXT

La connexió

Guió

1. La connexió, un mecanisme de cohesió
2. Estil fragmentat i estil cohesionat
3. Tipus de connexió
4. Els connectors textuals

RECORDA

La **connexió** és un mecanisme de cohesió que relaciona les diferents unitats del text (oracions, grups d'oracions i paràgrafs) mitjançant connectors.

1. La connexió, un mecanisme de cohesió

Ja hem vist que un **text cohesionat** és aquell que relaciona els enunciats per mitjà de diversos mecanismes lingüístics. Un d'aquests mecanismes és la **connexió**. Vegem uns quants exemples d'un fragment del text de la lectura:

Als annals de la literatura, si hi ha un personatge conegut pels seus poders de «deducció» és l'intrèpid Sherlock Holmes. **Però**, en general Holmes no opera pas utilitzant la lògica deductiva. **De fet**, utilitza la lògica inductiva. **Primer**, observa la situació detingudament **i, després**, generalitza a partir de la seva experiència anterior, utilitzant l'analogia i la probabilitat.

[...]

Un científic i la seva dona van en cotxe pel camp. La dona diu:

—Oh, mira!, aquestes ovelles les han esquilat.

—Per aquest costat, sí —diu el científic.

D'entrada, podríem pensar **que** la dona només està expressant una opinió de sentit comú, **mentre que** el científic està optant per una opinió més prudent i científica, **ja que** opta per no anar més enllà del que li mostren els sentits. **Però** estaríem equivocats. **En realitat**, és la dona la que ha formulat el que molts científics considerarien la hipòtesi més científica.

DANIEL KLEIN I THOMAS CATHCART: *Plató i un ornitorinc entren en un bar...* (text adaptat).

Fixem-nos que la connexió s'estableix entre diferents oracions del text per mitjà d'uns **mots d'enllaç** que anomenem **connectors**. Aquests elements d'enllaç ens ajuden a entendre com s'interrelacionen les frases. Per exemple, el connector *d'entrada* ens indica que la informació que introdueix ha d'anar en primer lloc i que després, si s'escau, serà contraposada pels connectors *però* i *en realitat*. Podríem dir que el connector *d'entrada* serveix tant per introduir informació com per organitzar-la.

2. Estil fragmentat i estil cohesionat

Els connectors acostumen a aparèixer més sovint en la llengua escrita que no pas en la llengua oral, perquè l'**escriptura** aspira a ser més complexa i no disposa dels suports extralingüístics amb què compta l'**oralitat** (els gestos, el to de veu, el canvis d'entonació, l'espai, el temps i els coneixements compartits, etc.).

Els textos que fan servir molt poc els connectors presenten un **estil fragmentat**, amb frases simples i breus; en canvi, els textos que utilitzen més sovint els connectors presenten un **estil cohesionat**, amb frases llargues i complexes, i amb una sintaxi articulada amb mots d'enllaç. Llegeix i compara els exemples següents:

Estil fragmentat	Estil cohesionat
Entrevista a Mireia Barrera (per Eugènia Morer) ***-El cant és la veu de l'ànima?*** -Diuen **que** els ulls són el mirall de l'ànima. Jo penso **que** el cant n'és la veu. La veu parlada també ho és. La veu parlada ens descriu força com és una persona: diu **si** està alegre **o si** està trista; diu quin caràcter i quina energia té... El cant és un acte gairebé espontani de la persona; li surt de molt endins; és com una necessitat vital.	**Opinió** (Mireia Barrera) **El cant és la veu de l'ànima** **Així com** diuen **que** els ulls són el mirall de l'ànima, penso **que** el cant n'és la veu. **I no només** ho és el cant, **sinó també** la veu parlada, **ja que** ens descriu l'estat d'ànim de la persona **i** ens revela quin caràcter, quina energia té, etc. **De fet**, el cant és un acte gairebé espontani de la persona **que** li surt de molt endins. Podríem dir **que** el cant és una necessitat vital.

«Entrevista a Mireia Barrera» per Eugènia Morer i Serra. *Revista Escola catalana* (Òmnium Cultural), núm. 447 (text adaptat).

La directora de cor Mireia Barrera (Terrassa, 1967) va ser guardonada amb el Premi Nacional de Cultura per la seva lluita a favor de la innovació musical mitjançant la introducció de l'obra de compositors contemporanis en els cors que ha dirigit. Fotografia © Rafa Martín

3. Tipus de connexió

Si observem com es comporten els connectors destacats en els dos textos anteriors, corresponents al llibre *Plató i un ornitorinc entren en un bar*... i a l'entrevista a Mireia Barrera, en podem diferenciar dos tipus:

Composició oracional	Connexió textual
Hi ha connectors que identifiquem clarament com a **conjuncions** *(que, mentre que, ja que, i, o, si, no només ... sinó també)* perquè connecten oracions que formen part d'oracions compostes coordinades o subordinades. En aquest cas, parlem de **composició oracional**. Exemple: *[La veu parlada] diu si [una persona] està alegre o si està trista.* També poden funcionar com a connectors dins l'oració composta els pronoms relatius. Per exemple: *El cant és un acte gairebé espontani de la persona que li surt de molt endins.*	Hi ha connectors que encapçalen oracions independents o grups d'oracions *(d'entrada, però, i, en realitat, de fet)* que, generalment, es marquen amb pauses en el text oral i, en l'escriptura, amb signes de puntuació. En aquest cas, parlem de **connexió textual**. Exemple: *Podríem pensar que .... Però estaríem equivocats.*

Il·lustrem aquests dos tipus de connexió amb un altre exemple:

Composició oracional	Connexió textual
L'Ajuntament prohibirà regar els jardins i els carrers perquè ja no hi ha prou aigua als pantans per a l'abastiment de tota la població.	*L'ajuntament, d'una banda, ha prohibit regar els jardins i rentar els carrers; i de l'altra, ha disminuït la pressió a la xarxa de distribució.*

Observacions:

a) La conjunció *perquè* relaciona l'oració principal amb l'oració subordinada i actua com a nexe causal dins l'**oració composta**.

b) El connector textual *d'una banda / de l'altra* relaciona **grups d'oracions independents**; a més, indica que afegeix més informació respecte a l'oració anterior i que la informació nova es distribueix en dues parts.

Sabies que...?

Les conjuncions ***i*** i ***però*** poden funcionar com a connectors dins l'oració composta o bé com a *connectors textuals*; en aquest cas, introdueixen una oració independent i, en l'escriptura, van precedits d'un punt. Per exemple:

*Els ulls són el mirall de l'ànima **i** el cant n'és la veu. **I** no només ho és el cant, sinó també la veu parlada.*

4. Els connectors textuals

La connexió textual permet relacionar el sentit de dues oracions independents, de dos grups d'oracions o de dos paràgrafs del text. Els elements que posen de manifest la connexió textual pertanyen a la categoria dels **connectors textuals**.

A partir de les relacions semàntiques bàsiques que s'estableixen entre les oracions o els paràgrafs, els connectors textuals es classifiquen en quatre grups:

Classificació bàsica dels connectors textuals		
Relació semàntica	**Connectors textuals**	**Exemples**
Addició: suma d'informació	• *i, a més (a més), encara més, doncs bé...* • *d'entrada, d'una banda / d'un costat, d'(una) altra banda / d'un altre costat, en primer lloc, en segon lloc, etc., finalment...* • *en efecte, certament, per descomptat...* • *igualment, així mateix, de manera semblant...*	*Cal que sàpigues com s'obren les vies aèries d'un adult inconscient.* ***En primer lloc****, agenolla't al costat del cap de la víctima.* ***En segon lloc****, posa-li una mà al front i inclina-li el cap enrere.* ***Finalment****, posa-li el tou dels dits de l'altra mà al mentó i aixeca'l.*
Disjunció: informacions alternatives	• *és a dir, o sigui, això és, dit d'una altra manera...* • *per exemple, a tall d'exemple, així (per exemple)...*	*El refrany diu: «On hi ha el gall, no canten gallines».* ***És a dir****, els subordinats no tenen res a dir davant les decisions del qui mana.*
Contrast: informacions divergents	• *tanmateix, en canvi, ara (bé), en cas contrari...* • *però, no obstant això, tot i això, malgrat tot...* • *(ans) al contrari, ben al contrari, per contra...* • *en realitat, de fet, en principi, ben mirat...*	*Ha estat aprovat el projecte de construcció de l'ambulatori.* ***Tanmateix****, encara no s'ha aprovat la partida pressupostària per construir-lo.*
Conseqüència: informacions que són l'efecte d'una causa	• *així doncs, per tant, en / com a conseqüència...* • *en conclusió, en definitiva, per concloure, al capdavall, al cap i a la fi, a fi de comptes, total...*	*Els resultats de les enquestes no sempre ens mostren la societat real.* ***Així doncs****, no són totalment fiables.*

Per a una classificació més detallada dels connectors textuals, consulta l'apèndix del teu llibre (pàg. 342).

És fàcil confondre els connectors textuals amb altres parts de l'oració, com ara les locucions conjuntives o els adverbis. Per evitar-ho, cal fixar-se en aquests trets distintius dels connectors textuals:

a) Fan una funció perifèrica respecte al grup d'oracions on apareixen: solen **encapçalar les oracions** i, en l'escriptura, generalment van precedits de **punt** i sovint seguits de **coma**. (***D'altra banda,*** *la situació és perillosa perquè poden produir-se allaus.* ***Per tant,*** *cal actuar amb molta precaució).*

b) Si no apareixen en posició inicial, perquè admeten mobilitat posicional, aleshores van **entre pauses**, precedits i seguits de **coma** (*La situació,* ***d'altra banda,*** *és perillosa i****, per tant,*** *cal actuar amb molta precaució*).

c) No creen relacions de dependència sintàctica entre oracions, però sí **relacions semàntiques connectives** (d'addició, contrast, conseqüència...) entre oracions independents, cosa que afavoreix la coherència del text.

ORGANITZA ELS TEUS CONEIXEMENTS

- LA COHESIÓ
  - CONNEXIÓ
    - ESTIL DEL TEXT
      - fragmentat
      - cohesionat
    - TIPUS DE CONNEXIÓ
      - **composició oracional**
        - per mitjà de conjuncions o pronoms relatius dins l'oració composta
      - **connexió textual**
        - per mitjà de connectors textuals entre diferents parts del text.
        - CONNECTORS TEXTUALS
          - **d'addició** (a més, doncs bé, d'entrada, en efecte...)
          - **de disjunció** (és a dir, més ben dit, per exemple...)
          - **de contrast** (en canvi, per contra, en realitat...)
          - **de conseqüència** (per tant, així doncs, en conclusió...)

ACTIVITATS

Propietats del text

La connexió, un mecanisme de cohesió

5.1. Llegeix el text següent i identifica els **mots d'enllaç** que hi apareixen. En acabat, digues quins connecten oracions que formen part d'oracions compostes (són conjuncions) i quins interrelacionen oracions independents (són connectors textuals).

> Els socorristes són persones preparades per poder efectuar els primers auxilis. **Però** tots sabem **que** és impossible que sempre hi hagi un socorrista quan se'l necessita just al lloc on es produeix l'accident. Aleshores, qualsevol persona sense preparació especial es pot trobar en la necessitat d'haver d'atendre un accidentat. Per tant, convé que tothom tingui uns coneixements mínims sobre els primers auxilis, perquè no se sap mai quan s'haurà d'actuar com a socorrista.
>
> *Primers auxilis*. Dr. Josep del Hoyo Calduch (text adaptat).

Conjuncions	Connectors textuals
que, ...	**però**, ...

Ara marca les afirmacions que siguin certes.

- ☐ La connexió és l'únic mecanisme lingüístic de cohesió textual.
- ☐ La connexió és un dels mecanismes lingüístics de cohesió textual.
- ☐ Els mots d'enllaç que interrelacionen oracions d'un text s'anomenen connectors.
- ☐ Les conjuncions i els connectors textuals fan la mateixa funció dins el text.

Estil fragmentat i estil cohesionat

5.2. Llegeix i compara aquests dos textos i, en acabat, digues quin presenta un estil més fragmentat i quin presenta un estil més cohesionat.

> Text 1
> **Com puc treure les taques de pintura d'un teixit?**
> Si el teixit es pot rentar i les taques encara són fresques, pots treure-les fregant-les amb alcohol o aiguarràs. Si les taques s'han assecat, pots provar de treure-les amb aigua i trementina: deixa unes quantes hores el teixit en remull, després frega fort la taca amb la trementina i renta'l amb detergent. Si el teixit és de fibra animal, com la llana, gira'l al revés i frega la zona tacada amb acetona.

> Text 2
> **Per treure taques de pintura d'un teixit**
> Les taques de pintura encara fresques d'un teixit que es pugui rentar es poden treure fregant-les amb alcohol o aiguarràs. Ara bé, si les taques s'han assecat, es pot provar amb aigua i essència de trementina: en primer lloc, convé deixar unes quantes hores el teixit en remull; en segon lloc, es frega fort la taca amb la trementina; finalment, es renta el teixit amb detergent. En canvi, si el teixit és de fibra animal, com la llana, es gira el teixit al revés de la taca i es frega la zona tacada amb acetona.

Ara completa aquest comentari amb les paraules adequades.

- El text **2** presenta un estil més ... perquè hi apareixen oracions més ... i perquè posa de manifest les diverses relacions de sentit que hi ha entre els grups d'oracions independents per mitjà de diferents ... textuals, com ara: *ara bé, en primer lloc, ..., ..., ..., ...*

Tipus de connexió

5.3. Escriu de nou aquest text canviant l'**estil fragmentat** que presenta per un altre de més **cohesionat**. Segueix aquests passos:

a) Suprimeix o substitueix les repeticions (marcades en negreta) pels connectors oracionals (***que**, **i**, **la qual**...*) i modifica la puntuació del text si cal.

b) En els casos necessaris, que s'han marcat amb [...], interrelaciona les oracions per mitjà dels connectors textuals (***ara bé, d'altra banda, tot i això, en cas contrari***...) i marca'ls amb una coma.

Entre Mart i Júpiter existeix un cinturó ple d'asteroides. **Aquests asteroides** orbiten al voltant del Sol. En aquesta zona, se situen la major part dels asteroides del Sistema Solar. N'hi ha milions. Molts d'aquests asteroides fan més d'un quilòmetre de diàmetre. [...] si sumem les masses de tots aquests asteroides, no s'arriba al 6% de la massa de la Lluna. L'òrbita d'aquests asteroides és estable al voltant del Sol. [...] alguns d'aquests asteroides són desviats. **Alguns d'aquests asteroides** es creuen amb les trajectòries dels planetes. [...] es creu que aquest cinturó d'asteroides és el resultat de la força gravitatòria de Júpiter. **La força gravitatòria** no va permetre que aquests fragments de roca s'aglomeressin durant les primeres etapes del Sistema Solar. [...] aquests fragments de roca haurien format un altre planeta.

5.4. Un cop feta l'activitat anterior contesta aquestes preguntes:

a) Quins connectors actuen dins el límit d'una oració composta? A quina categoria lèxica pertany cadascun?

b) Quins connectors posen de manifest la relació semàntica que s'estableix entre oracions o grups d'oracions independents?

c) Quins connectors encapçalen les oracions seguits de coma? Per què?

5.5. Forma oracions compostes relacionant les oracions simples de cada apartat amb les **conjuncions** següents (modifica els signes de puntuació per tal de formar una sola oració en cada cas). Observa que en la darrera oració caldrà fer servir dues conjuncions.

Conjuncions

mentre que	*malgrat que*	*i*	*perquè*
com que	*o bé*	*però*	*quan*

a) Es quedaran a viure a casa amb els pares? S'independitzaran?

b) Caldrà medicar el gat. Se li ha infectat la ferida.

c) Els altres ja han fet tots els exercicis. Tu, què has fet mentrestant?

d) El teu germà és molt obedient. Tu no creus gairebé mai.

e) Els bombers s'hi van esforçar molt. No van poder salvar-lo de les flames.

f) No t'he vist. No t'he pogut avisar.

g) Va morir l'avi. Jo era molt petita. Encara me'n recordo.

Els connectors textuals

5.6. Llegeix aquest text i respon a les preguntes de la pàgina següent.

L'avió ha reduït dràsticament la durada i les dificultats dels grans viatges. Anar a l'altra punta del planeta ja no és una tasca llarga i feixuga d'aventurers. Els viatges llargs amb avió han creat un nou problema: el *jet lag*. El canvi horari produeix trastorns de consideració en les persones. Són freqüents les alteracions del son, la disminució de la capacitat mental, la pèrdua de gana i la indigestió.

a) Tot mantenint la independència de les oracions i els mateixos signes de puntuació, marca les diferents **relacions semàntiques** que s'estableixen entre les oracions per mitjà d'aquests **connectors textuals**:

en efecte (ampliació / confirmació)	*però* (contrast)
dit d'una altra manera (reformulació)	*per exemple* (exemplificació)

b) Canvia els connectors textuals proposats a l'apartat anterior per uns altres de **sinònims** que siguin adequats al context. Si cal, consulta la classificació dels connectors textuals a l'apèndix del teu llibre (pàg. 342).

c) Marca les afirmacions sobre els connectors textuals que siguin certes:

Són elements parentètics perquè, generalment, apareixen entre dues pauses.

Són elements d'enllaç que actuen dins el límit de l'oració composta.

Són elements perifèrics perquè estan separats de l'estructura de l'oració.

Són elements que posen de manifest les relacions semàntiques entre parts del text iguals o superiors a l'oració.

No solen encapçalar les oracions i en l'escriptura van precedits de coma.

Solen encapçalar les oracions i, en l'escriptura, generalment, van precedits de punt i seguits de coma.

5.7. Completa el text següent introduint-hi els connectors textuals que et proposem d'acord amb el seu **significat específic** donat entre claudàtors.

Conectors

però	*i*
a tall d'exemple	*en concret*
certament	*altrament*
al capdavall	*com a conseqüència*
doncs bé	

Se sap que les taques solars tenen una activitat major cada onze anys aproximadament, fet que provoca alteracions en el clima de la Terra. [**contrast / oposició**] investigacions recents ens indiquen que aquests cicles podrien ser més curts. [**ampliació / confirmació**], encara queden molts aspectes de les alteracions climàtiques de la Terra per estudiar. [**exemplificació**], n'hi ha un que preocupa molt: com afectarà l'escalfament global en el clima del planeta. [**continuïtat**] és que, des de la revolució industrial, l'home pren part activa sobre el medi ambient, embrutant-lo, contaminant-lo, alterant-lo i, [**conclusió**], perjudicant-lo. [**continuïtat / reconducció**], la pregunta anterior a hores d'ara ja té resposta: els efectes de l'augment de la temperatura global seran negatius per a la vida al planeta. Per això és tan important que es prenguin mesures radicals perquè aquest escalfament no sigui excessiu. [**oposició / alternativa**], els efectes del canvi climàtic seran devastadors. [**especificació**], el nivell del mar augmentarà un o dos metres i, [**conseqüència**], nombroses poblacions costaneres quedaran inundades.

Ara respon a les qüestions següents:

a) Quins connectors textuals no encapçalen les oracions? Com es puntuen?

b) Quins són els dos connectors textuals que no van seguits

c) Copia el text bo i canviant els connectors textuals proposats per uns altres de sinònims que s'adeqüin al context. Si cal, consulta la classificació dels connectors textuals a l'apèndix del teu llibre (pàg. 342).

TÈCNIQUES I HABILITATS

La presa d'apunts

Guió

1. La presa d'apunts
2. Recomanacions per prendre apunts
3. Exemple de comunicació oral i presa d'apunts

Quan assistim a una classe, a una conferència o a un debat, i volem retenir la màxima informació possible que se'ns ofereix, ens veiem obligats a prendre apunts o notes de tot el que diuen les persones que ens parlen. Els apunts seran molt útils per recordar, estudiar o repassar les coses que s'hagin dit.

1. La presa d'apunts

Prendre apunts consisteix a anotar les informacions de manera ordenada, simple i ràpida. Per tant, les notes dels apunts hauran de mostrar les **idees principals** i la manera com **s'organitzen**, i hauran de ser redactades amb un **estil telegràfic**.

La presa d'apunts requereix un grau elevat de concentració i d'atenció, ja que cal analitzar el contingut i l'organització del text oral i, alhora, sintetitzar-lo per escrit. Per això, és útil fixar-se en alguns punts de referència, com els següents:

Per copsar la informació essencial
• La **repetició** de la mateixa idea amb paraules diferents. • Els canvis de **to** per indicar informacions secundàries (incisos, exemples, comparacions...). • L'**èmfasi** posat en determinades paraules o frases. • Alguns **gestos** de l'emissor per ressaltar o minimitzar una informació.
Per copsar l'organització del discurs
Els **connectors** indiquen quines relacions s'estableixen entre les oracions. Per exemple: • *en primer lloc, a continuació, finalment...* marquen l'**ordre**. • *però, tanmateix, en canvi, ara (bé)...* expressen una **oposició**. • *per tant, així doncs...* indiquen una **conseqüència**. • *en resum, en conclusió, en poques paraules, en definitiva...* anuncien un **resum** o una **conclusió**.

2. Recomanacions per prendre apunts

Sobre el contingut

- Primer de tot, has d'**escoltar atentament** i, tot seguit, interpretar i **prendre notes**. Però no apuntis com si es tractés d'un dictat: no es pot escriure tot el que es diu.
- Cal distingir les **informacions** secundàries de les **principals**; aquestes les has d'apuntar amb **frases breus** i precises, i amb **estil telegràfic**.
- Quan s'obri un torn de preguntes, has de procurar **clarificar aspectes** que no hagis comprès i, si cal, has de **modificar** els apunts.
- Cal **repassar** les notes preses per comprovar que les entens. Si vols, pots **millorar**-les reordenant les informacions anotades i després passar els apunts en net.

Sobre la presentació

- Reserva un espai a la **capçalera** del primer full per anotar-hi la data i el tema tractat.
- Deixa un **marge gran** a l'**esquerra** del full, on escriuràs, alineats verticalment, els **títols**, la **numeració** i els **signes** que identifiquen les diverses parts del contingut dels apunts. Els títols i els subtítols han d'estar ben destacats.
- Deixa un **marge** més petit a la dreta perquè hi puguis anotar **observacions**: comentaris, ampliacions, correccions, bibliografia, etc.
- Deixa espai entre línia i línia; fes punt i a part sempre que puguis i separa amb un **espai ampli** els diferents punts del tema tractat.

Estil telegràfic

- Suprimeix les **repeticions** i simplifica les frases complexes.
- Suprimeix els **mots sobreentesos** (articles, verbs poc precisos, adverbis).
- Abreuja algunes paraules sense excedir-te i fes servir les **abreviacions convencionals** (v. pàg. 42-43 del teu llibre).
- Utilitza els **signes convencionals** que representen una lògica.
  A continuació, te'n mostrem uns quants:

→ conseqüència, finalitat	> més gran, superior
↛ no implica, no suposa	< més petit, inferior
← causa	~ equivalent
= igual	∥ paral·lel a
≠ diferent, oposat	↗ creixement
+ més	↘ disminució
– menys	↑ inici, naixement
± més o menys	† final d'un fet, mort

Al teu espai personal del web www.barcanova.cat trobaràs una ampliació de les recomanacions per prendre apunts.

3. Exemple de comunicació oral i presa d'apunts

Com a exemple, us oferim un text corresponent a la transcripció d'una xerrada que fa un professor o professora i un altre text que correspon als apunts que pren un alumne o alumna.

Hi ha llengües endarrerides o pobres?

Encara hi ha qui pensa que les llengües dels pobles endarrerits no tenen alguns dels conceptes i paraules dels pobles més desenvolupats i que, per tant, les seves possibilitats d'expressió són més limitades que les de les llengües d'aquests pobles més desenvolupats. Això és un gran error; és cert que paraules que existeixen en una llengua no existeixen en una altra (i viceversa), simplement perquè els parlants de distintes cultures tenen necessitats denominatives diferents. Així, per exemple, les comunitats en què la barreja de races diferents és un fet històric disposen de paraules per referir-se a les diferents races i també per especificar les barreges d'una i altra raça. Per exemple, en portuguès del Brasil hi ha sis paraules diferents per a referir-se a les races: *blanc, negre, indígena, mestís* (mescla de blanc i negre), *caboclo* (mescla d'indígena i blanc) i *candongo* (mescla d'indígena i negre), mentre que en català només tenim *blanc, negre, indígena i mestís* (aquesta paraula per referir-nos a qualsevol mescla). Ara bé, totes les llengües tenen els mecanismes per crear paraules noves segons es necessitin. Això fa que en qualsevol idioma es pugui dir qualsevol cosa. En definitiva, no hi ha cap limitació en cap llengua i, per tant, la capacitat de creació de signes lingüístics nous és una propietat de totes les llengües humanes.

Llengua catalana 10-10-2016

Tema: Els prejudicis lingüístics

1. Creença: llengües pobles endarrerits no tenen paraules de lleng. pobles desenvolupats → possibilitats d'expressió d'aquelles són + limitades
2. Idea errònia
   - 2.1. Arguments:
     - a) Paraules q. existeixen en una lleng. no exist. en una altra ← tenen necessitats comunicatives diferents
       - – P. ex: port. del Brasil (caboclo, candongo) ≠ cat. (ø)
     - b) Totes les llengües tenen els recursos per crear paraules noves, si les necessiten → qualsevol idioma pot dir quals. cosa
3. Conclusió: La capacitat de creació de signes ling. és una caract. de totes les lleng. humanes

ACTIVITATS

Tècniques i habilitats

5.1. Redueix en forma de notes les frases següents. Utilitza les abreviacions i els signes convencionals.

a) Les generacions més joves ja no saben que un euro equival aproximadament a cent seixanta de les antigues pessetes.

b) A començament del segle XX, les diferències socials eren molt més marcades que no pas ara, tan clares com el contrast del blanc i el negre de les fotografies de l'època.

c) Als països desenvolupats, el progrés social i el creixement econòmic ha fet possible el naixement d'una classe mitjana i l'estat del benestar. Això no implica, però, que s'hi hagi erradicat del tot la pobresa.

5.2. En grup. Enregistreu un document sonor de la ràdio o de la televisió d'aproximadament 10 o 15 minuts de durada. Aquest document ha de ser extret, preferentment, d'un reportatge o d'un espai de divulgació cultural.

a) Després tot el grup escoltarà el document sonor i en prendrà apunts. Acabada l'audició, passeu en net els apunts.

b) Tot seguit, intercanvieu-vos-els i analitzeu els resultats en parelles.

c) Finalment, valoreu-los d'acord amb els aspectes relacionats en aquesta graella. Descarregueu la graella al vostre espai personal del web www.barcanova.cat.

Valoració dels apunts

Apunts de: Tema:		Molt bona	Bona	Acceptable	Deficient	Molt deficient
Contingut	1. Conté les informacions més importants.					
	2. Segueix l'ordre lògic de l'explicació o l'argumentació.					
	3. Reflecteix l'organització de les informacions.					
	4. Està escrit amb frases breus, clares i precises.					
Presentació	5. Les pàgines presenten un bon disseny (marges i interlineat).					
	6. Divideix el tema en parts, subparts, subdivisions, numeració... d'acord amb el contingut del missatge.					
	7. La lletra és clara i entenedora.					
	8. Utilitza abreviacions i signes convencionals de manera adequada.					

TEMPS VERBALS

Verbs de la 3a conjugació

La majoria dels verbs de la tercera conjugació afegeixen l'increment ***–eix-*** en algunes persones del present d'indicatiu, el present de subjuntiu i el mode imperatiu.

Present d'indicatiu	Present de subjuntiu	Mode imperatiu
*aplaud-**eix**-o*	*aplaud-**eix**-i*	
*aplaud-**eix**-es*	*aplaud-**eix**-is*	*aplaud-**eix***
*aplaud-**eix***	*aplaud-**eix**-i*	*aplaud-**eix**-i*
aplaud-im	*aplaud-im*	*aplaud-im*
aplaud-iu	*aplaud-iu*	*aplaud-iu*
*aplaud-**eix**-en*	*aplaud-**eix**-in*	*aplaud-**eix**-in*

No hem d'afegir l'increment ***–eix-*** als verbs *dormir, sentir* (i *consentir*), *obrir, collir* (i *recollir* o *acollir*), *fugir, morir* i *bullir*, entre d'altres.

No hem d'utilitzar mai l'increment ***–eix-*** en verbs de la segona conjugació. Per tant, direm *concebo, interrompo, percebo, incloc* o *recorro* (i no pas «concebeixo», «interrompeixo», «percebeixo», «incloeixo» o «recorreixo»), ja que són verbs de la segona conjugació: *concebre, interrompre, percebre, incloure* i *recórrer*.

ACTIVITATS

5.1. Completa la sèrie següent:

sentir	*ell sent*	*tu sentis*	*elles sentin*
obeir	*ell ...*	*tu ...*	*elles ...*
fugir			
recórrer			
conduir			
debatre			
recollir			

5.2. Completa les frases següents amb la forma verbal adequada.

a) Ella sempre ... (***complir***) el que promet.

b) Els avis li ... (***consentir***, present) tot.

c) Cada família ... (***acollir***, present) un nen a casa.

d) ...-me (***traduir***, tu) aquest article de *Le Monde*.

e) L'advocat els aconsella que ... (***recórrer***) la sentència.

f) No m'agrada que m'... (***interrompre***, tu) quan parlo.

g) No ... (***insistir***, tu) més en el teu propòsit.

h) Demanarem que ... (***suprimir***, ells) aquell paràgraf ofensiu.

i) Vull que s'ho ... (***repartir***, ells) equitativament.

j) Sé perfectament que ara se'n ... (***penedir***, elles).

5.3. Conjuga l'**imperatiu** dels verbs *amanir*, *obeir* i *admetre*.

LES PROPIETATS DEL TEXT

La correcció lingüística

1. La normativa de la llengua

En la societat actual, una llengua ha de disposar d'un **model lingüístic comú** respectat per tots els seus usuaris perquè sigui un instrument de comunicació eficaç. Aquest model està **regulat per unes normes** establertes per l'autoritat lingüística a fi de facilitar la intercomprensió de tots els parlants i fer homogeni l'**ús formal** de la llengua.

La institució que s'encarrega d'establir la normativa de la llengua catalana és l'**Institut d'Estudis Catalans** (IEC), principalment per mitjà de la seva gramàtica i del seu diccionari normatius.

2. La correcció

Es considera que un **text** és **correcte** des del punt de vista lingüístic quan no contravé la **normativa** establerta per l'IEC, la qual afecta fonamentalment tres àmbits de la llengua: l'ortografia, la gramàtica i el lèxic.

Els mitjans de comunicació (premsa, ràdio, televisió) i les editorials tenen **correctors** que s'encarreguen de fer la **revisió lingüística** de tots els textos abans de ser emesos o publicats. El corrector s'encarrega que un text, respectant l'estil i el propòsit de l'autor, no contravingui la normativa de la llengua. Els correctors, doncs, revisen i corregeixen els textos atenent de manera especial aquests aspectes: l'**ortografia**, la **pronúncia**, la **puntuació**, la **morfologia**, la **sintaxi**, el **lèxic** i la **fraseologia**.

Pati de la Casa de Convalescència, al carrer del Carme de Barcelona. Seu de l'IEC.

3. L'ortografia

L'ortografia és el conjunt de normes que regeixen l'**escriptura correcta** de les paraules. Vegem unes quantes incorreccions ortogràfiques que cal evitar.

Ortografia	Incorreccions	Correccions
Les grafies	Ús de la lletra **ç** davant *e, i*: *adreçes, feliçitat.* Ús de la lletra ***a*** en el plural femení: *granotas, bassas.*	S'escriu **c** davant *e, i*: *adreces, felicitat.* S'escriu ***e*** als plurals femenins: *granotes, basses.*
L'apostrofació	La forma apostrofada de l'article ***la*** davant *i, u* àtones: *l'història de l'humanitat.*	No s'apostrofa l'article ***la*** davant *i, u* àtones: ***la** història de **la** humanitat.*
La contracció	Manca de contracció en la preposició ***per*** seguida d'article: ***per el** camí, **per els** carrers.*	La preposició ***per*** es contreu davant l'article ***el, els***: ***pel** camí, **pels** carrers.*
L'accentuació	Paraules esdrúixoles sense accent: *perdua, victoria, industria...*	Totes les paraules esdrúixoles s'accentuen: *pèrdua, victòria, indústria...*

4. La pronúncia

La pronúncia és la manera d'**articular els sons** d'una llengua. La correcció de la pronúncia és important en l'ús oral de la llengua, ja que és un dels aspectes que facilita la comprensió a qui escolta i demostra la competència del parlant en el coneixement de la llengua. Quan hom parla, doncs, convé corregir les articulacions defectuoses, com les següents:

Pronúncia	Incorreccions	Correccions
La *s* sonora	Articulació sorda [s] de les lletres *s* i *z*: *casa, pesar, zona, dotze, les ales, els astres.*	Articulació sonora [z] de les lletres *s* i *z*: *casa, pesar, zona, dotze, les ales, els astres.*
La *g* o *j*	Articulació vocàlica amb *i* [i] de les lletres *g* o *j*: *gent, geni, joc, jovent, trajecte, projecte...*	Articulació fricativa palatal [ʒ] de les lletres *g* o *j*: *gent, geni, joc, jovent, trajecte, projecte...*

5. La puntuació

La puntuació és un conjunt de signes gràfics que marquen **pauses** entre grups de mots i entre oracions o grups d'oracions. També assenyalen l'**entonació** de determinades frases. Vegem dues errades de puntuació força habituals que cal evitar.

Signes gràfics	Incorreccions	Correccions
El punt	Oracions independents separades per **coma**: *La reunió serà a dos quats de vuit, no podrà anar-hi, et delegarà el seu vot.*	Les oracions independents se separen amb el **punt**: *La reunió serà a dos quarts de vuit.* ***No*** *podrà anar-hi.* ***Et*** *delegarà el seu vot.*
La coma	El subjecte i el verb del predicat separats per **coma**: *Molts pobles d'alta muntanya, es van repoblant gràcies al turisme.*	Entre el subjecte i el verb del predicat **no s'escriu coma** malgrat la petita pausa que s'hi fa: *Molts pobles d'alta muntanya* **ø** *es van repoblant gràcies al turisme.*

6. La morfologia

La morfologia estableix les regles que regeixen la **formació** de les **paraules**; per exemple, com es fan els plurals o com es formen les paraules derivades i compostes. Vegem unes quantes incorreccions morfològiques.

Morfologia	Incorreccions	Correccions
El gènere	El gènere de certs substantius: *la costum, la corrent, la compta, la senyal, les afores, les avantatges...; el síndrome, els postres, un anàlisi, un allau...*	Són masculins: ***el** costum, **el** corrent, **el** compte, **el** senyal, **els** afores, **els** avantatges...* Són femenins: ***la** síndrome, **les** postres, **una** anàlisi, **una** allau...*
El nombre	El plural d'alguns substantius masculins acabats en *-es*: *els textes, els reflexes, els complexes, els annexes...* El plural de la 3a persona dels verbs amb vocal neutra: *cantan, cantavan, cantarian...*	La terminació del plural d'aquests mots és *-os*: *els textos, els reflexos, els complexos, els annexos...* La terminació de la 3a persona del plural és *-en*: *canten, cantaven, cantarien...*
La derivació	Alguns verbs derivats de noms o adjectius: *clar → aclarar; nom → nombrar; espès → espessar; gran → agrandar; terra → aterrissar...*	Formes derivades correctes: *clar → aclar**ir**; nom → **nomenar** / **anomenar**; espès → **espesseir** / espess**ir**; gran → **engrandir**; terra → **aterrar**...*
La composició	Certs mots compostos amb marca de plural: *un gratacels, un paraigües, un tallafocs, una màquina llevaneus...*	Mots compostos sense marca de plural: *un gratacel, un paraigua, un tallafoc, una màquina llevaneu...*

7. La sintaxi

La sintaxi és el conjunt de regles que determina com s'han de **combinar les paraules** per a formar sintagmes i oracions. Hem d'evitar les incorreccions sintàctiques següents:

Sintaxi	Incorreccions	Correccions
Les preposicions febles	Presència de les preposicions ***a, de, en*** i ***amb*** davant la conjunció *que*: *No està acostumat a que l'escridassin. No para de pensar-hi des de que ho va saber. Confiem en que ho facis bé. Estan d'acord amb que hi aneu.*	Les preposicions ***a, de, en*** i ***amb*** desapareixen o «cauen» davant la conjunció *que*: *No està acostumat ø que l'escridassin. No para de pensar-hi des ø que ho va saber. Confiem ø que ho facis bé. Estan d'acord ø que hi aneu.*
El pronom *se*	L'ús del pronom ***se*** amb verbs no pronominals: *Primer es pugen i després es baixen de l'autobús. Els papers s'han caigut a terra.* L'ús del pronom *se* en funció de CI: *La carta se la donaré avui. El llibre se'l portaré demà.*	El pronom *se* s'omet amb verbs no pronominals: *Primer ø pugen i després ø baixen de l'autobús. Els papers ø han caigut a terra.* El pronom de CI de 3a persona no reflexiu és ***hi*** quan es combina amb *el, la, els* i *les* de CD: *La carta la **hi** donaré avui. El llibre l'**hi** portaré demà.*
El complement directe	Ús de la preposició ***a*** davant el CD: ¿Heu vist *a la professora? La grip afecta més a les persones grans. Han detingut als culpables.*	El SN de CD no va precedit de la preposició ***a***: *¿Heu vist ø la professora? La grip afecta més ø les persones grans. Han detingut ø els culpables.*
Les perífrasis d'obligació i necessitat	Ús de les formes «tenir que», «hi ha que», «és precís»: *Tinc que anar-hi. Es té que fer. Hi ha que tornar a pintar. És precís que ho digui.*	S'expressen amb les formes «haver de», «haver-se de» i «caldre»: ***He** o **haig d'**anar-hi. **S'ha de** fer. **Cal** tornar a pintar. **Cal que** ho digui.*

8. El lèxic

El lèxic correcte d'una llengua comprèn totes les **paraules** i **expressions** que siguin admeses per la normativa vigent. Els mots o expressions provinents d'una altra llengua que no són acceptats pel diccionari normatiu s'anomenen interferències o barbarismes lèxics. Vegem uns quants exemples.

Lèxic	Incorreccions		Correccions	
Paraules	1 *apoiar* 2 *averiguar* 3 *cansanci* 4 *despedir* 5 *donar-se compte*	6 *els demés* 7 *ojalà* 8 *permanèixer* 9 *subsanar* 10 *vàries vegades*	1 ***fer costat / recolzar*** 2 ***esbrinar*** 3 ***cansament*** 4 ***acomiadar / despatxar*** 5 ***adonar-se***	6 *els **altres*** 7 ***tant de bo*** 8 ***romandre*** 9 ***esmenar / corregir*** 10 ***diverses** vegades*

La correcció lèxica també depèn del grau de formalitat que requereix el context comunicatiu. Per exemple:

Lèxic	Registres formals		Registres informals	
Ús adequat	1 *amigdalitis* 2 *sostreure* 3 *casament* 4 *tisores* 5 *estomatòleg* 6 *expirar*	7 *caragol* 8 *tenir* 9 *laboriós* 10 *desidiós* 11 *taronja* 12 *venir*	1 *mal de coll* 2 *pispar* 3 *boda* 4 *estisores* 5 *metge de la boca* 6 *dinyar-la*	7 *cargol* 8 *tindre* 9 *pencaire* 10 *dropo* 11 *tronja* 12 *vindre*

9. La fraseologia

La fraseologia és el conjunt de **maneres de dir** pròpies d'una llengua. Recull principalment les locucions, les frases fetes i els refranys. Tot seguit en donem una petita mostra.

Fraseologia	Maneres de dir incorrectes		Maneres de dir correctes	
Locucions	1 *de tant en quant* 2 *menys mal* 3 *des de luego*	4 *al fi i al cap* 5 *en sèrio* 6 *el dia següent*	1 ***de tant en tant*** 2 ***encara sort*** 3 ***per descomptat***	4 ***al cap i a la fi*** 5 ***de debò / de veres*** 6 ***l'endemà***
Frases fetes	1 *(em) dona igual* 2 *donar-se pressa* 3 *posar la taula*	4 *no dona temps* 5 *donar-li la volta* 6 *un segon, per favor*	1 *(m')* ***és igual*** 2 ***afanyar-se*** 3 ***parar taula***	4 ***no hi ha temps*** 5 ***capgirar-lo*** 6 ***un moment, si us plau***
Refranys	*Al país dels cecs el tort és el rei.* *Qui va a Sevilla perd la cadira.* *No tenir volta de full.* *Conéixer el percal.*		***En terra de cecs el borni és el rei.*** ***Al lloc de la guineu, qui se n'aixeca, no s'hi asseu.*** ***No tenir retop*** ***Saber el pa que s'hi dona.***	

ORGANITZA ELS TEUS CONEIXEMENTS

LA CORRECCIÓ LINGÜÍSTICA

- **FUNCIÓ**
  - **Adequació dels textos orals i escrits a la normativa d'una llengua**
- **ORGANISME REGULADOR**
  - **Institut d'Estudis Catalans (IEC)**
- **ÀMBITS**
  - **Ortografia**
    Escriptura de les grafies correctes
  - **Pronúncia**
    Articulació correcta dels sons de la llengua
  - **Puntuació**
    Signes gràfics per marcar pauses entre grups de mots o oracions i assenyalar l'entonació
  - **Morfologia**
    Regles que regeixen la formació de les paraules
  - **Sintaxi**
    Combinació de les paraules per formar sintagmes i oracions
  - **Lèxic**
    Conjunt de paraules i expressions admeses pe diccionari normatiu (DIEC)
  - **Fraseologia**
    Conjunt de maneres de dir pròpies de la llengua

BLOC 6

ACTIVITATS

Propietats del text

La normativa del text

6.1. Identifica les afirmacions que siguin certes i corregeix les que siguin falses.

a) Una llengua ha de disposar d'un model lingüístic comú perquè sigui un instrument de comunicació eficaç.

b) El model lingüístic comú està regulat per unes normes establertes pels grans escriptors.

c) La institució que s'encarrega d'establir la normativa de la llengua catalana és la Reial Acadèmia de Bones Lletres.

d) Es considera que un text és correcte des del punt de vista lingüístic quan no contravé la normativa de la llengua establerta per l'IEC.

L'ortografia

6.2. Busca les vint faltes d'ortografia que hi ha en aquest text i corregeix-les.

Què fan les plantes davant un incendi?

Hi ha plantes que resisteixen directament el pas de les flamas, com és el cas del pi pinyoner i de l'alzina surera, que tenen la escorsa prou gruixuda per suportar les flames. N'hi ha d'altres que poden rebrotar, es a dir, treure noves tijes i fulles verdes després d'haber perdut completament les que tenian, com és el cas dels roures i les alzines. Altres plantes, com el pi blanc, protegexen les seves llavós amb cobertes dures que sobren un cop passat el foc, talment que, malgrat que la planta mori, la seva descendencia te posibilitats de garantir la continuitat local de l'especie. Moltes altres plantes, pero, no han desenvolupat cap d'aquets mecanismes i poden arrivar a desaparèixer definitivament de la sona cremada.

La pronúncia

6.3. Llegeix en veu alta les frases següents posant èmfasi en les parelles de mots que només es distingeixen pel so de la essa, que és sord en el primer mot i sonor en el segon.

a) Han ca**ç**at l'animal / Han ca**s**at els nuvis

b) No ho han pa**ss**at bé / No ho han pe**s**at bé

c) Massa **c**el hi ha a la foto / Massa **z**el hi posa, a la feina

d) **S**ona bé l'instrument / **Z**ona B del pàrquing

e) Le**s** sales d'un museu / Le**s** ales d'un ocell

f) Le**s** seleccions catalanes / Le**s** eleccions catalanes

g) El**s** savis de la humanitat / El**s** avis de l'asil del poble

6.4. Llegeix en veu alta les frases següents posant èmfasi en les parelles de mots que només es distingeixen pel so [ʎ] del dígraf *ll* en el primer mot i el so [ʒ] de la lletra *g* o *j* en el segon.

a) **Ll**aç de corbata – **J**aç per dormir

b) **Ll**ebre de bosc – **G**ebre al bosc

c) **Ll**iris de bosc – **G**iri's d'esquena

d) És un bon **ll**oc – És un bon **j**oc

e) Hi veig més de **ll**uny – Pel mes de **j**uny

La puntuació

6.5. Revisa el text següent i puntua'l correctament. Fes servir la lletra majúscula quan calgui.

El foc: entre la destrucció i la regeneració

Els humans sempre hem tingut un gran interès pel foc el foc il·lumina cou els aliments i ens escalfa en les llargues nits d'hivern el foc és l'element d'immolació per excel·lència però també té la qualitat de regenerar i de convertir la forma caduca i vella en nova i jove antigament en molts camps de conreu es cremaven les restes de la collita de l'any anterior com a bon auguri de l'any present i a molts indrets de les ciutats es cremaven estris i mobles vells amb l'esperança de començar millor el nou temps que s'acostava el foc presidia la festa i probablement la tradició de les falles de València tingui aquest mateix origen els petards i els trons poden respondre a la idea d'allunyar els dimonis i els mals esperits els quals envien calamitats i malalties a la gent.

La morfologia

6.6. A cada frase hi ha dues errades morfològiques. Detecta-les i corregeix-les.

a) Al capdamunt del gratacels hi ha unes senyals lluminoses per a l'aterratge d'helicòpters.
b) Us podem garantitzar que els postres de la carta són excel·lents.
c) En aquest estoig hi ha dos llapissos i una regla.
d) Aquests dos textes expliquen accions i fets molt complexes.
e) Coneixo unes quantes persones que treballan el diumenge.

La sintaxi

6.7. A cada frase hi ha dues errades sintàctiques. Detecta-les i corregeix-les.

a) Teniu que ser a l'aeroport almenys una hora i mitja abans de que surti l'avió.
b) La policia va detenir a les dues noies i les va preguntar on anaven.
c) Els dos socis estaven d'acord amb que el negoci no havia aconseguit donar-lis els beneficis que n'esperaven.
d) Si t'has caigut i no t'has fet mal, no ploris. Hi ha que aguantar-se.
e) No està acostumat a que li duguin la contrària, però s'hi té que acostumar.
f) Si elles no t'ho pregunten, no s'ho diguis. No és precís que ho sàpiguen.
g) Estic segur de que l'Enric no voldrà acomiadar a cap dels treballadors.

El lèxic

6.8. A cada frase hi ha un barbarisme lèxic. Detecta'l i corregeix-lo.

a) Enxufa la planxa de la post a l'endoll de la cuina.
b) De set a nou del matí hi ha molt de tràfic a les rondes.
c) Com que n'he suspès dues, els pares m'han renyit.
d) Emplena el formulari amb les teves dates personals.
e) Vaig tropessar amb una pedra i vaig caure a terra.
f) Volia fer tantes coses alhora que es va atabalar i es va fer un lio.
g) Els ciclistes no haurien de circular per l'acera.
h) No s'ha arrepentit d'haver-ho fet.

La fraseologia

6.9. Destria les sis expressions subratllades que són pròpies del català i corregeix les altres vuit que no ho són.

a) Li ho he dit <u>a cau d'orella</u>.
b) <u>De tant en quant</u> estossega.
c) Fes-ho <u>com més aviat millor</u>.
d) Aviat va <u>donar-se compte</u> de l'error.
e) <u>Dona't presa</u>, que fem tard.
f) <u>Al cap i a la fi</u> no han pres mal.
g) El Barça va <u>donar la volta</u> al partit en dos minuts.
h) <u>Encara sort</u> que finalment ens n'hem sortit.
i) Les prediccions meteorològiques no són gaire fiables <u>a llarg plaç</u>.
j) <u>A tot estirar</u> n'hi haurà per a deu persones.
k) Esperi's <u>un segon</u>, <u>per favor</u>.
l) Això <u>és lo de menys</u>.
m) Et dic que no ho sé, <u>en sèrio</u>!
n) <u>Tant de bo</u> que no sigui res.

TEMPS VERBALS

L'infinitiu, el gerundi i el participi

1. L'infinitiu i el gerundi

Alguns verbs de la segona conjugació presenten unes formes col·loquials de l'infinitiu i el gerundi que no són admeses per les normes gramaticals. Es tracta de les terminacions *-guer* de l'infinitiu i *–guent* del gerundi. Per exemple:

Formes col·loquials no admeses	Formes normatives
**volguer / *volguent* **sapiguer / *sapiguent* **poguer / *poguent* **capiguer / *capiguent*	*voler / volent* *saber / sabent* *poder / podent* *caber (cabre) / cabent*

2. El participi

Molts dels verbs de la segona conjugació i alguns de la tercera, especialment els verbs que presenten formes velaritzades, tenen participis irregulars.

Exemples de verbs	Terminació	Forma del participi
permetre, prometre, cometre *entendre, estendre, pretendre* *empènyer, atènyer*	**-ès**	*permès, promès, comès* *entès, estès, pretès* *empès, atès*
aparèixer, conèixer *córrer, ocórrer* *beure, moure, seure, caure* *tenir, venir, poder, voler*	**-gut**	*aparegut, conegut* *corregut, ocorregut* *begut, mogut, segut, caigut* *tingut, vingut, pogut, volgut*
néixer, créixer *viure*	**-scut**	*nascut, crescut* *viscut*
correspondre, respondre *veure, preveure*	**-st**	*correspost, respost* *vist, previst*
incloure, excloure, concloure	**-òs**	*inclòs, exclòs, conclòs*
difondre, confondre	**-ós**	*difós, confós*
obrir, cobrir, complir, oferir	**-ert**	*obert, cobert, complert, ofert*
estrènyer, treure, distreure *escriure, inscriure* *resoldre, dissoldre, moldre* *coure*	**altres**	*estret, tret, distret* *escrit, inscrit* *resolt, dissolt, molt* *cuit (sentit de cocció) o cogut (sensació dolorosa)*

ACTIVITATS

6.1. Completa la sèrie següent:

Infinitiu	Gerundi	Participi
voler		
	difonent	
		sabut
retreure		
	aprenent	
		establert
coure		
	apareixent	
		exclòs

6.2. Completa les frases següents amb la forma del **participi** dels verbs que s'indiquen.

a) Si no l'hagués ... (***confondre***), hauria ... (***respondre***) d'una altra manera.
b) Si haguessis ... (***estendre***) bé el llençols, no haurien ... (***caure***) al carrer.
c) Si m'hagués ... (***oferir***) diners, hauria ... (***incórrer***) en un delicte de prevaricació.
d) Si els haguéssim ... (***incloure***) a la llista, no s'haurien ... (***ofendre***).
e) Si no haguéssiu ... (***omplir***) el dipòsit d'aigua, la sal no s'hauria ... (***dissoldre***).
f) Si no haguessin ... (***encendre***) el foc, la carn no s'hauria ... (***coure***).

6.3. Canvia el temps verbal seguint el model:

*Ahir **vam seure** a terra.*
→ *Avui **hem segut** en una cadira.*

a) La setmana passada **vam difondre** la notícia.
→ *Aquesta setmana ... la notícia.*
b) L'any passat em **van oferir** feina.
→ *Aquest any no m' ... cap feina interessant.*
c) Ahir la manifestació es **va dissoldre**.
→ *Avui encara no s' ...*
d) La setmana passada **vam córrer** molt.
→ *Aquesta setmana no ... gaire.*
e) L'estiu passat aquests arbres no **van créixer** gaire.
→ *Aquest estiu ... molt.*

Aquest projecte editorial de l'àmbit lingüístic ha estat elaborat d'acord amb els continguts i les dimensions competencials descrites en el decret d'ordenació curricular que va publicar el Departament d'Ensenyament de la Generalitat de Catalunya l'any 2015; aquest decret es fonamenta en la Llei d'educació de Catalunya i en les directrius de la Unió Europea, i respon al marc normatiu i a la legalitat vigent.

Equip editorial:

Coordinació editorial: Francesc Solà
Edició: Mario Suárez i Jordi Artigas
Correcció: Núria Puyuelo
Documentalista: Cristina Boj

Coordinació tècnica: Mercedes Fernández Bravo
Maquetació: Fotocomposición 2000
Disseny de coberta i d'interiors: Laura Rodríguez
Coordinació tècnica digital: Montse Cascales
Edició digital: Jaume Vila i Blanca Marqués
Programació digital: Blinklearning i Montse Cascales

Fotografia de la coberta: escultura *Cadira lectora*, de Roser Oter
Il·lustracions: Montse Bugatell

Fotografies: *123RF, ACI. AGE-Fotostock, Album / akg-images, Antartida Productions / Head Gear Prod / Ipso Facto / Premiere Pic, Cesar Malet, culture-images / fai / Dea Picture Library / Documenta / Erich Lessing / Et Films / Genre Films / International Traders / Mid Atlantic Fild / 20Th Cen, Oronoz / Oscar Elías / Pilar Aymerich / Quasar, S.A / TV3 , Rue des Archives , Bridgeman Images, Tallandier / sfgp / Universal Images Group / Universal History Archive, Contacto, Cordon Press/Corbis, Efe, Fototeca.cat / M. Catalán, M. Sagarra, D. Campos, Gerda, Getty Images, Imatges de Shutterstock.com, Latinstock, Pere Virgili, Photoaisa, Prisma, Teresa Miró, TVC (cortesia), Ll. Vàlcarcel, Arxiu Anaya / J. Martin, Arxiu Barcanova*

Rosa Sensat, 9-11, 4a planta. 08005 Barcelona
Telèfon 932 172 054. Fax 932 373 469
barcanova@barcanova.cat
www.barcanova.cat

Primera edició: maig de 2018
ISBN: 978-84-489-4130-7
DL B. 11238-2018
Printed in Spain